T0209706

essentials

essentials liefern aktuelles Wissen in konzentrierter Form. Die Essenz dessen, worauf es als „State-of-the-Art" in der gegenwärtigen Fachdiskussion oder in der Praxis ankommt. *essentials* informieren schnell, unkompliziert und verständlich

- als Einführung in ein aktuelles Thema aus Ihrem Fachgebiet
- als Einstieg in ein für Sie noch unbekanntes Themenfeld
- als Einblick, um zum Thema mitreden zu können

Die Bücher in elektronischer und gedruckter Form bringen das Expertenwissen von Springer-Fachautoren kompakt zur Darstellung. Sie sind besonders für die Nutzung als eBook auf Tablet-PCs, eBook-Readern und Smartphones geeignet. *essentials:* Wissensbausteine aus den Wirtschafts-, Sozial- und Geisteswissenschaften, aus Technik und Naturwissenschaften sowie aus Medizin, Psychologie und Gesundheitsberufen. Von renommierten Autoren aller Springer-Verlagsmarken.

Weitere Bände in der Reihe http://www.springer.com/series/13088

Bernd Herrmann

Thanatologie

Eine historisch-anthropologische Orientierung

 Springer Spektrum

Bernd Herrmann
Historische Anthropologie und Humanökologie
Georg August Universität Göttingen
Göttingen, Deutschland

ISSN 2197-6708   ISSN 2197-6716   (electronic)
essentials
ISBN 978-3-658-32782-8   ISBN 978-3-658-32783-5   (eBook)
https://doi.org/10.1007/978-3-658-32783-5

Die Deutsche Nationalbibliothek verzeichnet diese Publikation in der Deutschen Nationalbiblio-
grafie; detaillierte bibliografische Daten sind im Internet über http://dnb.d-nb.de abrufbar.

© Der/die Herausgeber bzw. der/die Autor(en), exklusiv lizenziert durch Springer Fachmedien
Wiesbaden GmbH, ein Teil von Springer Nature 2021, korrigierte Publikation 2021
Das Werk einschließlich aller seiner Teile ist urheberrechtlich geschützt. Jede Verwertung,
die nicht ausdrücklich vom Urheberrechtsgesetz zugelassen ist, bedarf der vorherigen Zustim-
mung der Verlage. Das gilt insbesondere für Vervielfältigungen, Bearbeitungen, Übersetzungen,
Mikroverfilmungen und die Einspeicherung und Verarbeitung in elektronischen Systemen.
Die Wiedergabe von allgemein beschreibenden Bezeichnungen, Marken, Unternehmensnamen
etc. in diesem Werk bedeutet nicht, dass diese frei durch jedermann benutzt werden dürfen. Die
Berechtigung zur Benutzung unterliegt, auch ohne gesonderten Hinweis hierzu, den Regeln des
Markenrechts. Die Rechte des jeweiligen Zeicheninhabers sind zu beachten.
Der Verlag, die Autoren und die Herausgeber gehen davon aus, dass die Angaben und Informationen
in diesem Werk zum Zeitpunkt der Veröffentlichung vollständig und korrekt sind. Weder der Verlag,
noch die Autoren oder die Herausgeber übernehmen, ausdrücklich oder implizit, Gewähr für den
Inhalt des Werkes, etwaige Fehler oder Äußerungen. Der Verlag bleibt im Hinblick auf geografi-
sche Zuordnungen und Gebietsbezeichnungen in veröffentlichten Karten und Institutionsadressen
neutral.

Planung/Lektorat: Stefanie Wolf
Springer Spektrum ist ein Imprint der eingetragenen Gesellschaft Springer Fachmedien Wiesbaden
GmbH und ist ein Teil von Springer Nature.
Die Anschrift der Gesellschaft ist: Abraham-Lincoln-Str. 46, 65189 Wiesbaden, Germany

Was Sie in diesem *essential* finden können

- die Auffindesituation historischer und prähistorischer menschlicher Überreste ist bedeutend für ihre kulturelle Bewertung
- ihre Bewertung bedarf umfangreicher naturwissenschaftlicher und kulturhistorischer Kenntnisse
- die naturwissenschaftliche Beurteilung der Überreste und die kulturhistorische Bewertung der Auffindesituation bilden eine sozialhistorische Einheit
- für die Befundung steht kein deduktiv-hierarchisches Diagnosesystem zur Verfügung, sie erfolgt auf der Grundlage nicht-hierarchischer (horizontaler, egalitärer) Zeichen, die in der Expertise zu Hochwahrscheinlichkeitsaussagen verbunden werden

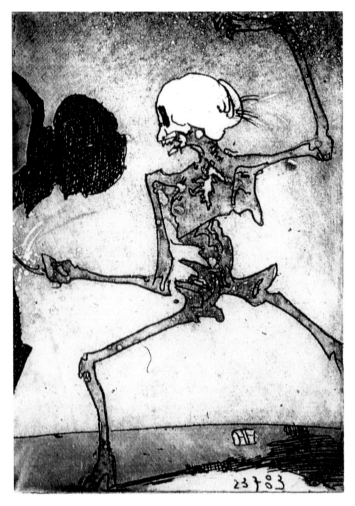

Wenn der Tod eine Geschichte von der Art hätte, wie die Menschen sie erleben, dann könnten sie, denen er bis jetzt ein Ende macht, demnächst mit ihm fertig werden. Aber sie haben ihn nicht erfunden und werden ihn nicht abschaffen, er wandelt sich nicht einmal. Verändert haben sich die Einstellungen der Menschen zu ihm, freilich nicht tiefgreifend. Sie drehen sich im Kreis um den immergleichen Zwiespalt, dass alle sterben werden und nicht jedem die Stunde geschlagen hat. Daraus erwachsen drei schon ziemlich veränderliche Hauptsorgen, der künftige Tod, die Gegenwart des Sterbens, die vergangenen Toten. Die pralle Geschichte spielt sich noch ein Stockwerk tiefer ab, in der Fülle wechselnder Formen, mit denen sich die jeweils Lebenden diese Sorgen vom Halse schaffen.
Arno Borst (1925–2007) Drei mittelalterliche Sterbefälle

Horst Janssen (1929–1995) Der Tod trifft mit einem Ausfall den Schatten Janssens.
Sepiaradierung. – Sammlung Tete Böttger, Göttingen.

Vorwort

Das vorliegende essential Thanatologie ist als Ergänzung zum *essential Prähistorische Anthropologie* (2015) zu verstehen. Der zeitliche Abstand seines Erscheinens erklärt sich allein aus zwischenzeitlich anderweitigen Verpflichtungen des Autors. Es hätte auch die Stringenz der Prähistorischen Anthropologie belastet, wenn die hier systematisierten Themen mitbehandelt worden wären. Dabei spielen sie nicht nur im Umfeld der Prähistorischen Anthropologie und der Archäologie des Toten- und Bestattungswesens eine prominente Rolle. Sie sind darüber hinaus von grundsätzlich soziokulturellem Interesse, weil sich eine Gesellschaft im Bestattungsritual, in der Behandlung des Toten und in den Vor- wie Nachbereitungen der Beisetzung über die soziale Identität des Verstorbenen und über den Zusammenhalt der Gemeinschaft Rechenschaft ablegt.

Das vorliegende essential soll vor allem Hilfe leisten für die Interpretation der oftmals komplexen Auffindesituationen und für die Ansprache menschlicher Überreste. Das kann mitunter problematisch sein, wie etwa im Fall der vor einigen Jahren geborgenen frühgeschichtlichen Moorleiche „Moora" (LK Nienburg/Weser). Fehlende Sachkenntnis vor Ort und eine anschließende Begutachtung ohne einschlägige historisch-anthropologische Kenntnisse stuften diesen Fund zunächst als aktuellen Vermisstenfall ein, ehe auf anthropologische Expertise hin eine naturwissenschaftliche Datierungsmethode die Vermutung des Vorliegens eines frühgeschichtlichen Fundes bestätigte.

Die Darstellung konzentriert sich auf strukturelle Fragen. Sie bilden im Erkenntnisprozess zwischen *Struktur und Ereignis* das Pendent zur unübersehbaren Zahl historischer Einzelfälle. Es liegt in der Natur der Sache, dass auch alle historischen Fälle einzigartig i. S. der Spurenlage sind. Deshalb werden historische und prähistorische Beispiele nur zur Veranschaulichung herangezogen, auch,

weil zunehmende Aussagepräzision eine abnehmende Aussagerelevanz zur Folge
hat.

Weil die Beispiele ihres grundsätzlichen Charakters wegen gewählt sind, ist
das Datum ihrer Veröffentlichung in Fällen beispielhafter Handwerklichkeit bzw.
intelligenter Analyse irrelevant, in Fällen irriger Aussagen jedoch von Bedeutung.
Vergleichbares gilt für die zitierte Literatur. Ich bevorzuge jene Autoren, die erst-
mals eine neue Sicht auf die Dinge angeregt haben oder diese zu einer gewissen
Reife geführt haben gegenüber jenen, die den Sachverhalt gestern nur eben noch
einmal paraphrasiert haben und damit Literaturlisten unproduktiv verlängern.

Dabei gilt: Kenntnis der Literatur schützt vor Neuentdeckungen. Dass mit der
zitierten Literatur die 90er Jahre des letzten Jahrhunderts und einige nachfolgende
Jahre überproportional vertreten sind, liegt deshalb auch nicht an der häufig zu
beobachtenden Zyklizität wissenschaftlicher Themen, die entsprechend nach 20–
30 Jahren als scheinbar neue Fragestellungen auftauchen. Es liegt vielmehr an
einer sonderbaren thematischen Konjunktur jenes Fin de Siècles.

Auf das an jedem Beginn einer wissenschaftliche Bemühung nützliche Stu-
dium der thematisch einschlägigen Lemmata in den Reallexika und Enzyklopä-
dien aus Theologie, Archäologie, Literatur- und Geschichtswissenschaft wird im
Folgenden nicht extra hingewiesen. Sie aufzusuchen wird aber anempfohlen.

Art und Umfang der Veröffentlichung sowie die Kompetenz des Autors legen
eine Konzentration auf mittelalterliche und frühneuzeitliche mitteleuropäische
Sachverhalte nahe, wobei Hinweise auf geographisch, zeitlich und kulturräum-
lich übergreifende Beispiele als Analogiehilfen verwendet werden. Dank habe ich
allen jenen Kollegen[1] und Einrichtungen zu sagen, die über die Jahre bereitwillig
und uneigennützig ihre Forschungsergebnisse mit mir teilten und deren Fachkom-
petenz mir Orientierung gab, jenseits von Zitationskartellen und Netzwerken der
Missgunst.

Ich hoffe auf eine geneigte Aufnahme des Büchleins. Es eignet sich keinesfalls
dazu, dem Grusel nachzuspüren, weil derartige Bezüge als unwissenschaftlich
gänzlich außen vorzulassen sind. Dem Springer Verlag danke ich, wie so oft, für
die Bereitschaft, es in sein Verlagsprogramm aufzunehmen und meiner langjähri-
gen Lektorin Stefanie Wolf für ihre stete Offenheit Vorschlägen gegenüber und die
tätige Bereitschaft, diese verlegerisch umzusetzen. Ich danke auch Kaviya Palani
und Nirmal Iyer, Springer Nature, Scientific Publishing Services Chennai (Indien),
die mit ihren Mitarbeitern das Manuskript in Buchform brachten. Schließlich

---

[1]Der Text verwendet das generische Maskulinum.

danke ich meiner Frau Susanne für die eine ums andere Mal verständnisvolle Begleitung meiner Schreibtischarbeit im sogenannten Ruhestand.

Göttingen   Bernd Herrmann
den 22. November 2020
(am Totensonntag)

Inhaltsverzeichnis

Einführung 1

Im Märchen „Vom singenden Knochen" der Gebrüder Grimm machen sich zwei Brüder auf, ein solcherart gefürchtetes Wildschwein zu erlegen, dass der König dem erfolgreichen Jäger seine Tochter zur Gemahlin versprach. Der gutherzige Bruder konnte das Wildschwein mithilfe eines Waldgeistes erlegen. Als er mit seiner Jagdbeute an der Schänke vorbei kam, in der sein böser Bruder zechte, lud dieser ihn scheinheilig ein. Gemeinsam machten sie sich auf den Weg zum König. Unterwegs töte der Böse seinen Bruder, begrub ihn unter einer Brücke, nahm das Wildschwein und erlangte unrechtmäßig die Hand der Königstochter. Verwunderung darüber, dass der gute Bruder nicht mehr auftauchte, zerstreute der Böse mit dem Hinweis, dass jener wohl Opfer des Wildschweins geworden sei. Nach langen Jahren sah ein Hirt im Sande unter der Brücke ein schneeweißes Knöchlein liegen. Er schnitzte daraus ein Mundstück für sein Horn, und als er zum ersten Mal darauf geblasen hatte, fing das Knöchlein von selbst an zu singen (Abb. 1.1):

> „Ach, du liebes Hirtelein, du bläst auf meinem Knöchelein, mein Bruder hat mich erschlagen, unter der Brücke begraben, um das wilde Schwein, für des Königs Töchterlein."

„Was für ein wunderliches Hörnchen," sagte der Hirt, „das von selber singt, das muss ich dem Herrn König bringen." Als er damit vor den König kam, fing das Hörnchen abermals an sein Liedchen zu singen. Der König verstand es wohl und

Elektronisches Zusatzmaterial Die elektronische Version dieses Kapitels enthält Zusatzmaterial, das berechtigten Benutzern zur Verfügung steht. https://doi.org/10.1007/978-3-658-32783-5_1

© Der/die Autor(en), exklusiv lizenziert durch Springer Fachmedien Wiesbaden GmbH, ein Teil von Springer Nature 2021
B. Herrmann, *Thanatologie,* essentials,
https://doi.org/10.1007/978-3-658-32783-5_1

Abb. 1.1 Heidelberger
Totentanz Heinrich
Knoblochtzer, nicht nach
1488 [GW M47257], Seite
10v; https://digi.ub.uni-hei
delberg.de/diglit/totentanz
1488/0020
Im Französischen ist
Totentanz als dans macabre
geläufig und geht auf den
Tanz eines Macabré zurück.
Die Person bzw. Figur des
Macabré und ihre
Etymologie sind nicht
gedeutet

ließ die Erde unter der Brücke aufgraben, da kam das ganze Gerippe des Erschlagenen zum Vorschein. Der böse Bruder konnte die Tat nicht leugnen, ward in
einen Sack genäht und lebendig ersäuft, die Gebeine des Gemordeten aber wurden
auf den Kirchhof in ein schönes Grab zur Ruhe gelegt.

Soweit das Märchen. In ihm erfasst der König die Anzeichen und Zeichen der
Situation und das Indiz richtig. Das knöcherne Mundstück des Hirtenhorns gibt
die Hinweise auf ein Tatgeschehen, die aber märchengerecht nur ein königlicher
Sachverstand richtig decodieren kann.

Zu Vor- und Märchenzeiten fanden Schienbeine, vorzugsweise von Schafen
und Ziegen, Verwendung als Flöten, sodass deren Name (Knochenflöte: lat.: *tibia*)
schließlich für den anatomischen Namen des Schienbeins verwendet wurde: *Tibia*.

Das Märchen ist eine thanatologische Erzählung *in nuce*. Es macht zugleich
deutlich, dass Begriffe wie „Anzeichen" und „Zeichen" hier wie für das Gesamt
der Thanatologie eine herausgehobene Bedeutung als Interpretamente haben.
Offensichtlich wird hier einer Konstellation von Gegenständen in Verbindung
mit erzählerischer Überlieferung eine spezifische Bedeutung zugemessen. Ein
versierter Gutachter verbindet Fundumstände und Vermisstenmeldung aus dem
familiären Umfeld mit den Angaben zu Geschlecht und Alter des vormaligen
Individuums, zu dem die Tibia und das schließlich geborgene Skelett gehörten, das dissimulativ unter der Brücke vergraben wurde. Diese ermöglichen die
richtige, wenn auch nicht notwendig vollständige Rekonstruktion eines früheren
Geschehens. In Verwendung einer anderen Begrifflichkeit handelt es sich bei der

Rekonstruktion um die Decodierung eines komplexen Zeichensystems in Form einer wissensproduzierenden Erzählung.

Ernst Cassirer (1874–1945) hat dem Menschen, den er als *animal symbolicum* beschrieb, eine spezifische Umwelterfahrung (i. S. Jakob von Uexkülls) zugewiesen: *Der Mensch kann der Wirklichkeit nicht mehr unmittelbar gegenübertreten.* *[…] So sehr hat er sich mit sprachlichen Formen, künstlerischen Bildern, mythischen Symbolen oder religiösen Riten umgeben, daß er nichts sehen oder erkennen kann, ohne daß sich dieses artifizielle Medium zwischen ihn und die Wirklichkeit schöbe* (Cassirer 1996, S. 50).

Die Produktion von Sinn mittels der menschlichen Symboltätigkeit, von der Cassirer hier spricht, ist die eigentliche Erschaffung von Kultur und deckungsgleich mit der These Max Webers (1864–1920) wonach Kultur *„ein vom Standpunkt des Menschen aus mit Sinn und Bedeutung bedachter endlicher Ausschnitt aus der sinnlosen Unendlichkeit des Weltgeschehens"* wäre (Weber 1988, S. 180).

Die Symboltätigkeit ist auch Grundlage aller empirischer Wissenschaft, indem nach der Bedeutung dessen gefragt wird, was der Inhalt einer Beobachtung ist. Die bloße Feststellung eines Sachverhalts („es ist, wie es ist") enthält keinerlei Erklärung oder Bedeutungszuweisung, also keine Verständnisleistung. Die Empirie vermittelt aber die Sammlung von Erfahrungswissen, um für künftig gleiche, ähnliche bzw. analoge Sachverhalte Erklärungen auf die Frage *„was* ist es?" bereit zu halten. Erfahrungswissen ermöglicht Hypothesenbildungen, Wetten auf Künftiges oder Erklärungen durch Analogiebildung, ohne die das Leben nicht zu bewältigen wäre. Die Symboltätigkeit beschränkt sich nicht auf zuweisende Bedeutungen, sie erfordert auch als Möglichkeit deren Decodierung. „Zeichen" sind *„unkörperliche, aber sinnlich wahrnehmbare Abbilder eines Dinges oder einer Sache, woran die Sache erkannt oder auf sie hingewiesen wird; also auch etwas, was willkürlich als Erkennungszeichen oder Merkmal bestimmt ist"* (DWB 2020, Lemma Zeichen), einfacher formuliert: ein Etwas, das für ein Anderes steht. Ein Zeichen ist demnach die Beziehung bzw. die Verbindung zwischen einer Bezeichnung und dem Bezeichnetem (i. S. v. Ferdinand de Saussure). Wobei man seit William von Ockham (1288–1347) zwischen „natürlichen" Zeichen (bezeichnen Gegenstände) und „konventionellen" Zeichen (beruhen auf Vereinbarungen) unterscheiden kann, für die heute zumeist die Begriffe „indexikalische Zeichen" (mit einer direkten physischen Beziehung) und „symbolische Zeichen bzw. Symbole" (beruhen auf Übereinkünften zwischen den Verwendern) stehen.

Die Lehre von den Zeichen ist die *Semiotik*. Die zugehörige Literatur ist unübersehbar und wird hier auf die nächstliegenden Referenzen thematischen Zusammenhangs beschränkt (Eco 1987; Friedrich und Schweppenhäuser 2010;

Ginzburg 2002; Hard 1995; Herrmann und Saternus 2007; Krämer et al. 2007; Veit et al. 2003), die bildungsreich und nach fachlichen Zugängen differenziert, den Leser in die spezifischen Begrifflichkeiten einführen.

Die Semiotik hat ihre Wurzeln in der altgriechischen Philosophie, aus der auch der Namen entliehen wurde. Der Begriff selbst scheint auf einen wahrscheinlichen Neologismus von John Locke (1632–1704) zurück zu gehen, der in seiner Wissenschaftssystematik für die Lehre von den Zeichen den Terminus Σημειωτικὴ (Semeiotikè) vorschlug. Locke hat den Begriff offenbar in Anlehnung an die altgriechischen Medizin gebildet. Die Verwendung von σημειωτικόν (Semeiotikón als Wissenschaft von den Symptomen) ist als Begriff einer theoretischen Medizin schon bei dem hellenistischen Arzt Erasistratos (1. Hälfte 3. Jh. v. Chr.) belegt, später in der römischen Kaiserzeit bei Galen, aber auch bei anderen medizinischen Autoren (Erotianos, Oreibasios).[1] Es ist offensichtlich, dass eine Medizin, die aufgrund zeitgenössischer Möglichkeit ans Schauprinzip gebunden war, von Zeichen und Anzeichen beim Patienten auf ein Krankheitsgeschehen schließen musste. In der ärztlichen Kunst blieb die Semiotik deshalb noch bis ins 19. Jahrhundert geläufig (z. B. Krüger 1842; auch als Denomination von Lehrstühlen). Im Zuge des Fortschreitens einer experimentell und naturwissenschaftlich ausgerichteten Medizin kam es zur Etablierung von objektivierenden Ordnungssystemen für Krankheitsbilder. Die medizinische Semiotik wurde von dieserart systematisierender Diagnostik abgelöst (ausführlich Fangerau und Martin 2015, S. 42–43). Sie verfügt über zahlreiche quantifizierende und objektivierende Beobachtungssysteme, mit deren Hilfe heute eine allermeist zuverlässige Diagnose gestellt werden kann. Die Semiotik ist dabei nicht ersetzt, sondern von der Diagnostik in den Hintergrund gedrängt worden.

Die Leichenschau der Historischen Anthropologie bewegt sich gelegentlich zwischen Kunst (i. S. v. *ars bzw. τέχνη*) und Medizin (Siegert 2002). Sie zielt andererseits auf einen anthropologischen Ansatz im kulturgeschichtlichen Umgang mit Toten. Als erkenntnisschaffende Methode ist für die *historisch-anthropologische* bzw. *archäologische* Thanatologie ein der medizinischen Diagnostik ähnliches Verfahren nicht verfügbar. Eine Quantifizierung von Befunden, ähnlich etwa klinischen Messwerten, wird es für die Thanatologie nicht geben können. Schlüsse *ex negativo,* wie sie in der medizinischen Diagnostik möglich sind, verbieten sich. Man kann nicht vom Fehlen etwa einer Schüssel im Grab darauf schließen, dass der Tote nicht gewaschen wurde. (The absence of evidence

---

[1]Für die Beratung bin ich meinem Göttinger Kollegen, dem Gräzisten Heinz-Günther Nesselrath, dem ich auch eine ausführliche etymologische Recherche und die weiteren Quellenhinweise verdanke, zu Dank verpflichtet.

is not the evidence of absence). Es existieren außerdem keine Schwellen- oder Grenzwerte, von denen aus auf graduelle oder vollständige Ausübung einer kulturellen Praxis oder eines liegezeitbedingten Einflussfaktors zu schließen wäre. Deshalb wird eine Schließweise benötigt, die es ermöglicht, aus dem Gesamt der Auffindesituation retrograd auf Vorgänge zu schließen, als deren Endergebnis die Auffindesituation plausibel begriffen werden kann. Für eine derartige Betrachtungsweise wird auch in archäologischen Kontexten geworben (Veit et al. 2003). Die Polemik von Mark Benecke (2005) gegen eine Verwendung von „Zeichen" bzw. einem semiotischen Konzept in einer naturwissenschaftlich-thanatologischen Befundung (oder welches Wort auch anstelle von „Befundung" verwendet wird), beruht auf mehrfachen Missverständnissen sowohl epistemologischer Art als auch hinsichtlich der faktischen Ausübung bei der Befundbewertung.

Die methodische Beachtung von Anzeichen und Zeichen ist eine für die archäologische Thanatologie geeignete Schließweise. Unter Anzeichen ist ein unsicherer, eher uneindeutiger Hinweis zu verstehen. Ist Eindeutigkeit gegeben, wird das Anzeichen zu einem Zeichen. Zeichen sind als *Wissensordnung* (Sieglerschmidt 2018) für hauptsächliche Problemlagen der Thanatologie verwendbar. Dabei kann es keinen Zweifel daran geben, dass nur naturwissenschaftliches Wissen wahrheitsfähig kann sein, nicht jedoch Ansichten und Meinungen.

Allerdings besteht die Schwierigkeit, für die thanatologische Wissensproduktion verwendbare Zeichen zu hierarchisieren. Dabei würde eine Hierarchisierung eine deduktive wie induktive Schließweise durch Bildung logischer Aussageketten erleichtern oder überhaupt ermöglichen. Aber die Zeichen des toten Körpers bzw. seiner Überreste sind produktiv nicht ohne weiteres hierarchisierbar. Man kann unterscheiden nach

- Äußeren Zeichen, einmal der Positionierung des Bestatteten bzw. der körperlichen Überreste, die sich dem Bestattungsritus bzw. anderer Formen der Versorgung der Leiche oder ihrer Teile verdanken, und solchen, die auf unmittelbare Manipulationen am Leichnam beruhen.
- Äußeren Zeichen, zu denen zunächst alle durch äußere Inspektion fassbaren physischen Merkmale zählen, die zur Identifizierung des Bestatteten geeignet sind.
- Äußeren Zeichen, schließlich von Formen und Strukturen, die sowohl den Normalfall repräsentieren bzw. als Abweichung vom Normalfall Hinweis auf Auffälligkeiten geben. Diese können liegezeitbedingt sein, auf postmortale Eingriffe hinweisen, auf Krankheiten, auf kurative Maßnahmen zu Lebzeiten, auf Leibesstrafen, auf Gewalteinwirkungen mit Todesfolge. Zu diesen Zeichen treten die

- Inneren Zeichen der grundsätzlich drei Überlieferungsformen eines Leichnams hinzu (Mumie, Skelett, Leichenbrand). Diese Zeichen sind nicht äußerlich sichtbar, sondern werden sämtlich durch Methoden der naturwissenschaftlichen Untersuchung erfasst. Sie sind zumeist, bis auf bildgebende Verfahren, invasiv und überwiegend materialverbrauchend. Das gilt für histologische Untersuchungen wie für die aDNA-Analyse oder eine Prüfung auf Substanzen, die zu Lebzeiten verstoffwechselt wurden.

Erkenntnistheoretisch steht man mit dem Repertoire dieser Zeichen vor demselben Problem, das Michel Foucault am bekannten Beispiel der zoologischen Ordnung von Jorge Luis Borges[2] aufzeigte: zwischen der Kategorie „Äußere Zeichen" (bzw. Innere Zeichen) und jeder ihrer Komplexe kommt man nie zur Definition eines stabilen Verhältnisses von Inhalt und Beinhaltendem jenseits der bloßen Großkategorie (Äußere Zeichen), weil sich ihre Inhalte nicht logisch hierarchisierbar aufeinander beziehen.

Die Thanatologie versagt sich damit jedem Versuch einer logisch konsistenten Ordnung, aus denen die jeweils nächsten (untergeordneten) Erkenntnisschritte aus der vorhergehenden Kategorie abzuleiten wären. Sie ist nur über eine erkenntnistheoretisch (nicht inhaltlich!) zusammenhangslos nebeneinanderstehende Anzahl von Anzeichen und Zeichen zu betreiben (Abb. 1.2).

---

[2] ...dass „die Tiere sich wie folgt gruppieren a) Tiere die dem Kaiser gehören, b) einbalsamierte Tiere, c) gezähmte, d) Milchschweine, e) Sirenen, f) Fabeltiere, g) herrenlose Hunde, h) in diese Gruppierung gehörige, i) die sich wie Tolle gebärden, k) die mit einem ganz feinen Pinsel aus Kamelhaar gezeichnet sind, l) und so weiter, m) die den Wasserkrug zerbrochen haben, n) die von weitem wie Fliegen aussehen." (Foucault 1971, S. 17 ff.).

Abb. 1.2 Gisant auf dem Sarkophagdeckel von Widukind, Stiftskirche zu Enger. Erste Hälfte 12. Jh

Widukind war als Sachsenherzog Widersacher Karls des Großen und wurde nach seiner Niederlage 785 CE wohl zwangsgetauft. [vgl. Panofsky E (1964) Tomb Sculpture. Abrams, New York. S. 57, Abb. 199] – Die Handhaltung des Gisant mit dem in Richtung des Daumens gebogenen Mittelfinger erinnert an einen Redegestus, der bereits in der „Actio" des Marcus Fabius Quintilianus (35–96 CE) beschrieben ist *(gestus ille maxime communis)*. Sie bekommt eine weitere, eine authentifizierende Bedeutung dadurch, dass zwei Fingerglieder der Widukind zugeschriebenen Skelettreste in dieser Haltung verwachsen sind, was zu Lebzeiten auffällig gewesen sein muss. Der Gisant nimmt damit auch ein identifizierendes persönliches Kennzeichen auf [siehe Westfälische Zeitschrift (2003) 153: 177–187; Foto: Widukind-Museum Enger, H. Wurm, Enger]

Thematische Eingrenzung

2

Wörtlich bedeutet *Thanatologie* die Lehre vom Tod (altgriech. θάνατος: Tod) und schließt nach heutigem naturwissenschaftlich-lebenswissenschaftlichem bzw. rechtsmedizinischem Verständnis (z. B. Brinkmann und Madea 2004) zunächst ein die verschiedenen Erscheinungsformen des Todes sowie die postmortalen Veränderungen der Leiche. Die „späten Leichenerscheinungen" beziehen sich auf die Zersetzung des Körpers, und bilden als Autolyse, Fäulnis, Verwesung, Skelettierung resp. Mumifizierung die regelhafte Abfolge der Dekomposition (Abb. 2.1).

Ein erweitertes Verständnis subsumiert auch noch die zum Tode führenden Sterbevorgänge. Das Sterben berührt als individueller Vorgang wie als soziales Ereignis viele Bereiche des Alltagslebens, sodass in einem erweiterten Begriffsverständnis auch Belange der Rechtswissenschaft, der Gesellschafts- und Kulturwissenschaften eingeschlossen werden können (Aries 1982, 1984; Assmann und Trauzettel 2002; Binski 1996; Brather 2008; Fischer 1999; Haas 1989; Hengerer 2005; Jezeler 1994; Rader 2003; Stefenelli 1998, 2000; Zentralinstitut Sepulkralkultur 1998, 1999). Tarlow und Stutz (2013) geben darüber hinaus eine Zusammenfassung der Gesamtthematik. Sozialanthropologisch wird der Todesfall und dessen Bewältigung den Lebensübergängen zugerechnet, zu den im gesellschaftlichen Leben eines Menschen zahlreichen Übergängen zwischen gesellschaftlichen Zuständen oder Lebensstadien (*rites de passage* nach Arnold van Gennep). Es ist gerade die Aufgabe des Totenrituals, die Toten in einem Übergangsritus von den Lebenden zu trennen. „Erst einmal bestattet, ist der Tote

---

Elektronisches Zusatzmaterial Die elektronische Version dieses Kapitels enthält Zusatzmaterial, das berechtigten Benutzern zur Verfügung steht. https://doi.org/10.1007/978-3-658-32783-5_2

© Der/die Autor(en), exklusiv lizenziert durch Springer Fachmedien Wiesbaden GmbH, ein Teil von Springer Nature 2021
B. Herrmann, *Thanatologie,* essentials,
https://doi.org/10.1007/978-3-658-32783-5_2

Abb 2.1 Abfolge später Leichenerscheinungen: von links: Durchschlagen des Venennetzes; Schimmelrasen auf Leiche bei Exhumierung; Skelettierung bei Körperbestattung: Fettwachsbildung im Thorakalbereich (li), neben einer älteren Bestattung (re); Reihengräberfriedhof; endgültiger Abbau des Skeletts, das als „Leichenschatten" nur noch als Bodenverfärbung imponiert. (Fotos: Archiv des Verf.)

(oder zumindest sein Leib) aufgegeben und geht unaufhaltsam seiner endgültigen Verwesung in der Erde entgegen. Gleichwohl bleibt den Lebenden eine Hinterlassenschaft des Toten. Im Lateinischen spricht man von der *memoria* und meint damit gleichzeitig materielle wie imaginäre Aspekte" (Schmitt 1993, S. 348).

In jedem Fall geht es um einen direkten oder naheliegend indirekten Bezug zu einem Sterbenden, einem Leichnam, bzw. dessen Überresten und diese unmittelbar betreffenden Fundumstände. In diesem Verständnis wird der Terminus Thanatologie *hier* verwendet, auf die postmortalen Abläufe und Umstände konzentriert und ggfls. auf historische und kulturelle Spezifitäten von Praktiken hingewiesen, soweit auf sie aus Sachüberresten geschlossen werden kann. Indes ist das Thema allgemein als anthropologisch einzuordnen (Freud 2007; Herrmann 2004). Obwohl von thematisch wesentlicher Bedeutung, wird hier auf die zeitgenössischen Empfehlungen zu einer Vorbereitung auf einen frommen und geziemenden Tod, die „Ars moriendi", nicht weiter eingegangen. Die genannte Literatur enthält Hinweise, ergänzende bei Arthur Imhof (1991, 1998).

Neben einer möglichen medizinischen Versorgung begleiten barmherzige oder spirituelle Betreuungen und – übergeordnet – soziale und kulturelle Regularien und Handlungen einen Sterbevorgang. Sie geben die Regeln einer möglichen Untersuchung vor, wie derjenigen zur Versorgung des Toten, zu den Arrangements seiner Beisetzung oder denen einer Leichenbeseitigung. Sie setzen den Rahmen gegebenenfalls für die Bewahrung einer Totenruhe und der physischen Überreste, auch hinsichtlich deren zeitlicher Dauer. In vielen Kulturen erfolgt eine Beisetzung gewöhnlich in einem identifizierbaren Grab. Vorgänge, die mit kulturellen Praktiken der Beisetzung, der Niederlegung des Leichnams und dem Totengedenken verbunden sind, werden mit dem Begriff *Sepulkralkultur* (lat. sepulcrum: Grab, Grablege) zusammengefasst (z. B. Horst und Keiling 1991).

In der Regel laufen die *späten Leichenerscheinungen* in einem Grab ab. Diese naturwissenschaftlich bzw. rechtsmedizinisch beschriebenen Abläufe der Dekomposition sollten begrifflich eigentlich unter die Bezeichnung *Taphonomie* (τάφος: Grab; νόμος: Gesetz, Brauch) fallen. Dieser Terminus ist jedoch in sinnentstellender Weise von der Paläontologie zur Erfassung aller Abläufe der *Fossilisation* von Lebewesen, ihrer Teile und ihrer Sedimentation besetzt worden (klassisch: Weigelt 1999). Dabei kennen doch weder Pflanzen noch nichtmenschliche Tiere „Gräber" bzw. „Begräbnisse". Immerhin kennt das angloamerikanische Schrifttum den Begriff der Forensic Taphonomy; wie in der Bezeichnung erkennbar, korrekt beschränkt auf die gesamte Breite der postmortalen Abläufe an menschlichen Überresten.

Bereits der Begriff Taphonomie verweist darauf, dass in der Thanatologie Erklärungen zu Bedeutungen sowie zu Bezeichnungen und zu Bezeichnungswandlungen zu beachten sind, besonders bei der wissenschaftsübergreifenden Verwendung von Bezeichnungen und Termini, zumal für verschiedene historische Zeitfenster. Unter begrifflich präziser Verwendung hat Ulrike Sommer (1991) einen verdienstvollen Entwurf einer thanatologisch-taphonomischen Systematik für *archäologische* Zwecke erstellt.

Abb. 2.2 Einsargung des Toten in einem Leichentuch nach der Waschung; Almosen an Bedürftige aus Anlass des Todesfalls; links oben kämpfen gute und böse Geister um die Seele des Verstorbenen. – Die Totenstarre ist gelöst (abhängende Kopfhaltung und linker Arm; die Totenstarre löst sich – Faustregel! – im Sommer nach 36 Std., im Winter nach 48–72 Std.) Die Farbgebung des Leichnams könnte Hinweis auf eine mehrtägige Frist vor der Einsargung sein Copyright: Bibliothèque nationale de France. Heures de Neville (1430–35), Lat 1158: 137r. https://gallica.bnf.fr/ark:/12148/btv1b10532608h/f1.planchecontact

Thanatologische Bedingungen: Körper und Grab

3

Geburt und Tod markieren den Lebensweg aller mehrzelligen Organismen. Bei Säugetieren wie auch den Menschen ist das Individuum mit der Geburt plötzlich „da". Das ist mit dem Lebensende anders. Ob der Tod sich mit einem längeren Sterben ankündigt oder unvermittelt trifft, das Individuum ist mit dem Eintritt des Todes nicht plötzlich verschwunden. Mit dem Tod enden die lebensunterhaltenden Prozesse des Körpers, und er wird von destruierenden Organismen über den lange andauernden Vorgang der Dekomposition in den allgemeinen ökosystemaren Stoffkreislauf zurückgeführt. In den meisten Kulturen ist dieser Vorgang der Alltagserfahrung entzogen, indem Regeln für eine zeitnahe Versorgung des Leichnams aufgestellt und befolgt werden. Sozial geächteten Personen kann eine Bestattung nach den üblichen Regeln der Gemeinschaft versagt bleiben. Als besonders demütigend galt die anonyme Entsorgung des Leichnams oder die Zerstreuung seiner Teile.

Im Grunde sind drei Sachverhalte für den Tod eines Menschen ursächlich: Alter, Krankheit oder Gewalt; letzterer sind auch die Ereignisse des Zufalls zuzurechnen [zur falschen Zeit am (falschen) Ort]. Um die Bestattungszeremonien einzuleiten, bedarf es der zweifelsfreien Todesfeststellung. Scheintodähnliche Zustände (vita minima) sind möglich und bei Toten können rosiges Aussehen und

Elektronisches Zusatzmaterial Die elektronische Version dieses Kapitels enthält Zusatzmaterial, das berechtigten Benutzern zur Verfügung steht. https://doi.org/10.1007/978-3-658-32783-5_3

Die Originalversion dieses Kapitels wurde revidiert. Ein Erratum ist verfügbar unter https://doi.org/10.1007/978-3-658-32783-5_8

© Der/die Autor(en), exklusiv lizenziert durch Springer Fachmedien Wiesbaden GmbH, ein Teil von Springer Nature 2021, Korrigierte Veröffentlichung 2021
B. Herrmann, *Thanatologie*, essentials, https://doi.org/10.1007/978-3-658-32783-5_3

Abb. 3.1 Die drei Toten aus der ‚Legende der drei Lebenden und der drei Toten': „Das, was Ihr seid, waren wir, das, was wir sind, werdet Ihr." Beispiel für die mittelalterliche Kenntnis später Leichenerscheinungen von Fäulnis, Verwesung und Skelettierung. Jean Le Noir (1348–1349) Stundenbuch der Bonne de Luxembourg – Metropolitan Museum New York https://commons. wikimedia.org/w/index. php?curid=39410761. – Zur Legende: Rotzler W (1961) Die Begegnung der drei Lebenden und der drei Toten. Keller, Winterthur

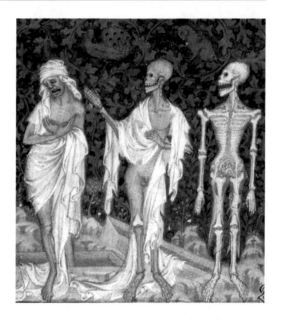

Austritt von Fäulnisgasen Lebenserscheinungen vortäuschen, bis hin zur Sarggeburt, dem Austrieb der Frucht durch Fäulnis bei einer toten Schwangeren. Da spätmittelalterlich und neuzeitlich nur Getaufte auf dem Friedhof beigesetzt werden durften, wurden tote Kinder von kundigen Frauen und barmherzigen Priestern so lange in der Nähe von Wärmequellen aufgebahrt, bis sich eine auf den Mundspalt gelegte Feder bewegte, oder bis rosige Gesichtsfarbe und Atemgeräusch vortäuschende Leichenerscheinungen als Lebenszeichen gedeutet und damit eine Taufe vollzogen werden konnte. In manchen Gemeinden wurden ungetauft verstorbene Kinder unter der Traufkante der Kirche beigesetzt, um den im von der Traufe herabtropfenden Tau täglich vom Herrn gespendeten Segen zu empfangen. Ein Verbleiben der Seele im Limbus konnte dadurch vermieden werden. Auch Wöchnerinnen wurde dieser Platz als Ort der Reinigung zugewiesen.

Die Medizin verfügt heute über sichere diagnostische Mittel der Todesfeststellung. Die Mehrzahl der Todesfeststellungen, zumal solcher, die nicht in Krankenhäusern gestellt werden, erfolgt über jene Todeszeichen, die auch in früheren Zeiten hinweisgebend waren:

- Aussetzen der Atmung (Kontrolle über einen mundnahen Spiegel zur Erfassung des Atemwassers oder durch Auflegen einer kleinen Feder auf den Mundspalt)
- Zusammenbruch des Kreislaufs (Kontrolle durch Pulsbeobachtung und Abhören der Herzaktivität),
- Verlust der Reizbarkeit (Kontrolle durch Schmerzproben) und Verlust der Körperwärme (nach 8–12 Std. post mortem Kontrolle durch Hand- oder Stirnprobe), [sichere Hinweise auf Schmerzproben durch Nadeln, die unter die Fingernägel getrieben wurden, finden sich manchmal in Gräbern in entsprechend fingernaher Lage]
- Erschlaffung aller Muskeln, Weich- und Nachgiebigwerden des Augapfels (24–30 Std. pm), äußere Hypostase (Totenflecken).

Mit der Feststellung des Todes beginnen die Vorbereitungen für die Bestattung. Sie sind kulturspezifisch, können aufwendig und andauernd sein oder müssen in kürzesten Fristen erledigt werden. Es bedarf ausführlicher kulturhistorischer Kenntnis, um bei der archäologischen Freilegung und Bergung eines Bestatteten den möglichen Informationsgewinn zu sichern (Hofmann 2013). Einen orientierenden Einstieg zum Brauchtum im Umfeld des Todesfalls hat Placidus Berger (1966) verfasst. Im Zentrum einer solchen kulturhistorischen Betrachtung steht für den Prähistorischen Anthropologen das zeithistorische Wissen über den menschlichen Körper. Neben der in Kap. 2 genannten Literatur ist die Kenntnis allgemeinerer Darstellungen wie von Norbert Elias (1980/81), Schreiner und Schnitzler (1992) und LeGoff und Truong (2007) elementare Voraussetzung. Ihnen sind Einsichten zu den vielschichtigen Themen vom Körper und seinen zeitabhängigen Disziplinierungen, seine Bedeutung als Metapher, als spirituelle und symbolische Dimension zu entnehmen, die für die Erfassung des Zeichenhaften und die Bildung analoger Schlüsse unverzichtbar sind.

I

Es ist davon auszugehen, dass Kenntnisse über den natürlichen Zerfall von Leichen tierlicher oder menschlicher Art seit jeher bestanden. Unter natürlichen Bedingungen übernehmen Aasfresser und Destruenten innerhalb des ökosystemaren Kreislaufs die Zerstörung und Auflösung eines tierlichen Kadavers. In manchen Tiersozietäten werden Verstorbene von ihren Verwandten oder Gruppenmitgliedern über Tage bewacht, manche Primatenmütter tragen ihre toten Kinder noch längere Zeit herum. Es ist deshalb schwer vorstellbar, dass ein menschlicher Leichnam über die vielen Jahrmillionen der Menschwerdung erst in den letzten 100.000 Jahren

Anlass für ein reflektierendes Verhältnis zum Sterben, zum Tod und zum Leichnam gegeben haben soll. Es ist auch schwer vorstellbar, dass Menschen bis zu den ersten archäologisch fassbaren Bestattungen die Leichen ihrer Angehörigen einfach umstandslos an Ort und Stelle beließen oder sich ihrer entsorgend entledigten. Möglich, dass dies mit Opfern von Auseinandersetzungen mit anderen Gruppen geschah. Nachweisbar wird ein reflektierendes Verhältnis aber erst durch den Beweis einer absichtsvollen und gegen Aasfresser schützenden Leichenablage. Himmelsbestattungen, in denen intentional Geier den Verzehr des Leichnams übernehmen, sind nur aus Tibet, dem indopakistanischen Subkontinent und Persien, bekannt.

Die ältesten Bestattungen sind aus dem Vorderen Orient belegt und ungefähr 100.000 Jahre alt (Qafzeh, Skuhl, Shanidar). Obwohl es sich um Höhlenfunde handelt, sind sie früheste Beweise für komplexe metaphysische Vorstellungen, deren Zunahme durch historisch immer komplexer werdende Bestattungen belegt ist.

Mögliche geschichtliche Entwicklungen für Bestattungen beginnen mit der Bedeckung des Leichnams zum Schutz vor Aasfressern. Einen besseren Schutz bietet die Vergrabung der Leiche, wobei eine Grabsohlentiefe von ≥ 80 cm zwingend wäre. Dem Totengedenken dient dann gegebenenfalls eine mehr oder weniger aufwendige oberirdische Markierung, die in historischen Zeiten zuweilen monumentale Ausmaße angenommen hat (Abb. 3.2).

Gründe, die letztlich zur Erfindung von Leichenkonservierungen führten, müssen in elaborierten Jenseitsvorstellungen und hochkomplexen Totenritualen gesucht werden. Man kann in der Leichenverbrennung, die sicherlich einen avancierteren Umgang mit dem Leichnam darstellt, allererst eine praktische Form des Totenkultes sehen. Der Leichenbrand kann in den Schweifgebieten einer Jäger-Sammler-Kultur mit der Gruppe mitziehen. Zentrale Bestattungsplätze als Alternative für das Deponieren von Leichnamen setzen für nomadisierende Gruppen hingegen einen gewissen infrastrukturellen und transporttechnischen Aufwand voraus. Aufwendige Präparationen von Leichen (Mumifizierungstechniken) sind von stationären und komplexen Infrastrukturen abhängig und sind nicht älter als einige tausend Jahre.

Von der grundsätzlichen Dichotomie Leichnam oder Leichenbrand lassen sich verfahrenstechnisch alle bekannten Versorgungen einer Leiche ableiten: Im „Normalfall" wird der Leichnam erdbestattet. Dafür wird die Leiche mit einem Tuch oder Stroh umhüllt, oder zusätzlich auf ein Brett oder in einen Sarg gelegt.Leichenbrand wird üblicherweise als „Nest", in einem Beutel oder einem Gefäß („Urne") beigesetzt.

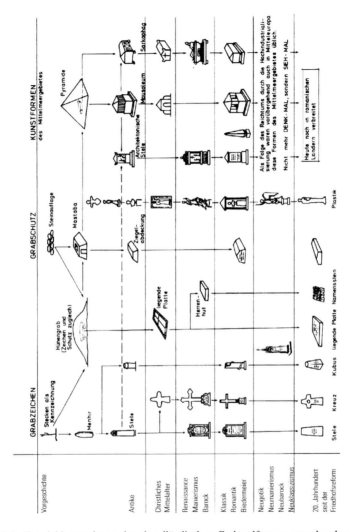

Abb. 3.2 Entwicklungsschema der abendländischen Grabmalformen ausgehend von den beiden Prototypen Kennzeichnung und Schutz des Grabes. (Aus: Ausstellungskatalog Bestattungsformen der Hochreligionen. IGA Stuttgart EXPO 93). Eine Ergänzung bietet Hengerer M (2007) Knochen und Grabmal der europäischen Frühneuzeit. Nova Acta Leopoldina NF 94, Nr 348: 123–144

Abb. 3.3 „Totenmaß" auf
dem Boden einer
Grabgrube. Zwischen den
am Ort belassenen vier
Sargfüßen liegt mittig in der
Grubenlängsachse eine
Haselrute, mit deren Hilfe
der Tischler am Toten die
Länge des zu erstellenden
Sarges bzw. der Totengräber
die Länge der Grabgrube
bestimmte. Die Rute wurde
mit dem Sarg beigesetzt,
weil sie sich gegebenenfalls
zum Schadenzauber eignet.
Spätes 18. – Anfang 19. Jh.
(Wolkenberg, Brandenburg.
Foto: Markus Agthe,
BLDAM)

II

Technisch gesehen wird mit einer Bestattung ein Leichnam aus dem Bereich der
Lebenden entfernt. Eine Besonderheit stellen dagegen Beisetzungen in Sarkopha-
gen oder Mausoleen dar, die an öffentlichen Orten den Zugang zur Behausung des
Leichnams ermöglichen sollen. Während der Ausdruck Mausoleum auf die Person
des Maussolos (4. Jahrhundert BCE) zurückgeht, verweist der Ausdruck Sarkophag (wörtlich: Fleischverzehrer) auf die allmähliche Auflösung des Leichnams
im Steinsarg, die am Ende auf chemische Festkörperreaktionen zurückzuführen ist
(Abb. 3.4).

Bestattungen erfolgen zumeist auf besonders dafür vorgesehenen Arealen: Grä-
berfelder ausserhalb der Siedlung, Gräber bei der Kiche nahe dem Ortskern,
die mit einer Einfriedung versehen den „Friedhof" bilden. In ihrer Definition

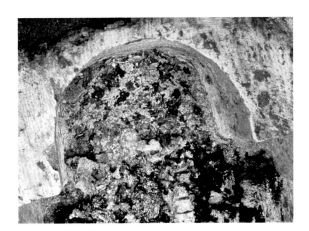

Abb. 3.4 Kopfnische einer Sarkophagbestattung. Nach 900jähriger Liegezeit im Sarkophag aus Elm-Kalk ist durch das relativ hohe Phosphatangebot aus dem dekomponierten Gehirn die Umsetzung der Schädelknochen in Brushit bereits quantitativ erfolgt. Postcraniale Reste des Skeletts teilweise noch berührungsfest (siehe erkennbare Brustwirbel). Grablege Heinrich des Stolzen (†1139), Königslutter (Foto: Verf.)

und Systematik uneinheitliche Sonderbestattungen (Wahl 1994) betreffen z. B. Selbstmörder, ungetauft Verstorbene (zumeist Säuglinge), Armen- und Siechenhäusler, sequestrierte Kranke (Leprösenfriedhof), Delinquenten bzw. Opfer von Leibesstrafen. Leichenvergrabungen an unerwarteten Plätzen legen immer den Verdacht einer Leichenbeseitigung oder einer Bestattung unter Vernachlässigung des üblichen sozialen Regelwerks nahe, aber auch Bestattungen durch Menschengruppen gegensätzlicher Lebensform und Kultur im selben Raum (z. B. kulturelle, religiöse, ethnische Minderheiten). Immer ist aber auch die Möglichkeit einer wiederholten Bestattung eines menschlichen Überrestes innerhalb eines protrahierenden, sequenziell-repetitiven Bestattungsritus möglich (Macho 2010).

Als Gründe für von der „normalen", rituskonformen Grablegung abweichende Bestattungsformen werden angegeben (Auswahl aus zahllosen Beispielen, ohne Bewertung ihrer Plausibilität):

- lokale Traditionen, u. a. Frauen in Seitenlagen und Männer in Rückenlage zu bestatten;
- gekreuzte Unterschenkel eines Mannes in Rückenlage als letztmögliche Bestrafung und Entmachtung (mit Spekulation über verschnürte Unterschenkel);

- abgetrennte Hand eines Mannes durch Stein ersetzt und Handskelett an anderer Stelle im selben Grab (Amputation als Verletzungsfolge?). [Die Zusammengehörigkeit von Skelettteilen o. ä. kann heute mithilfe der aDNA-Analytik geklärt werden.]
- als Ausdruck eines „juristischen" Urteils als Bestrafung über den Tod hinaus;
- Doppelbestattungen von Mann-Mann bzw. Mann-Frau als letzte Konsequenz von Gefolgschaftstreue oder Familienbestattung;
- opportunistische Mitbestattung eines Kleinkindes, dem das Recht auf eigenständige Beisetzung nicht zukam;
- Kleinkinder häufiger als Hocker bestattet;
- ungewöhnlich große Grabgrube mit „fülliger Gestalt" des Beigesetzten begründet;
- Beraubung des Grabes mit Verlagerung der Skelettteile, wobei Beraubungsspuren auch auf Skelettelementen anzutreffen wären;
- sitzende Hockerstellung als Folge der Leichenaufrichtung durch Grabräuber;
- Hockerstellung in germanischen Gräber soll auf Beisetzung in Tüchern hindeuten;
- Fesselung des Toten bei übereinander gezogenen Füßen und auf dem Rücken gekreuzten Armen;
- eigenständige Verlagerung der Arme und Hände im Sarg nach Lösen der Totenstarre;
- bei der Bestattung von zwei Frauen in Bauchlage wird begründet über Vergewaltigungsopfer spekuliert (Hawkes und Wells 1975);
- Teilbestattung: Eigenständige Beisetzung von amputierten Gliedmaßen

Systematische Analysen über die Bestattungsarten von *Altersgruppen* liegen bisher nur für Kinder vor (Kraus 2006) und gehen direkt zurück auf das Interesse am Thema Kind in den Sozialwissenschaften ab den 1970er Jahren.

Beigaben sind bei Bestattungen zumeist nur überliefert, wenn überdauerungsfähige Materalen vorliegen, wobei Steine in der Regel nicht als Beigaben gedeutet werden. Bei einigen der ältesten überhaupt bekannten Bestattungen wurden Pflanzenreste (Blumenschmuck, Heilpflanzen) gefunden, eine bis auf den heutigen Tag in vielen Kulturen verwendete Beigabe oder Ausstattung im Bestattungsritus. Geläufig sind auch Nahrungsmittel für die Reise des Verstorbenen ins Land der Toten und seinen dortigen Aufenthalt, ebenso Tieropfer oder Menschen wie Tiere als Diener, Nutztiere oder Begleiter. In Mitteleuropa wurden als Nahrungsmittelreste Kotelett, Rippchen, Schulter, Lende, Keule, Haxe beigegeben. Unklar ist immer, inwieweit die Trauergemeinde bei der Beisetzung auch eine Mahlgemeinschaft mit dem Verstorbenen bildete. Beigegeben wurden auch

Zähne, die nicht zum Gebiss des Toten gehörten. Es können Kopfunterlagen aus organischem Material nachweisbar sein. Waren in Mitteleuropa Beigaben z. T. reichhaltige Inventare u. a. von Waffen und Schmuck, bis zum 8. Jahrhundert CE noch regional häufig, lief die Beigabensitte unter dem Einfluss des Christentums allmählich aus, ohne je völlig zu verschwinden: Persönliche Gegenstände, Schmucksachen, Waffen, Gefäße, Dinge, die mit der Leiche in Berührung kamen und so als unrein galten, geweihte und religiöse Dinge, symbolische bzw. Ersatzbeigaben, Totenmünzen.

Wegen der teilweise wertvollen Beigaben setzt Grabräuberei bereits früh ein und ist archäologisch mindestens bis ins Mittelalter nachweisbar (Jankuhn et al. 1977). Sie kann auch die Skelettreste in Mitleidenschaft gezogen haben (Beilner und Grupe 1996) und muss als Grund für abweichende Skelettpositionen oder für die Lage aus dem Verband gelöster Skeletteile berücksichtigt werden. Eine derartige Auffindesituation ist allerdings auch in Beisetzungsstätten anzutreffen, die über lange Zeiträume als kollektive Grabanlage genutzt wurden (Höhlenbestattungen, Totenhütten).

Abb. 3.5 An der Südmauer der Dorfkirche von Kossenblatt (Brandenburg) befindet sich dieses Epitaph mit folgender Inschrift:

Allhier ruhen die Gebeine des zu Cossenblatt 30 Jahr gestandenen Beamten Friedrich Leopold Lengenick gebohren den 16ten Juli 1727 gestorben den 11ten Märtz 1784 nebst seinen 6 Kindern
1. Charlotte gbor.: 1756, ertrunken 1758
2. August gbor.: 1761, an Zähnen gstor. 1762
3. Friedrich gbor.: 1767, an Mathigkeit gstor. 1768
4. Leopold gbor.: 1759, an Pocken gstor. 1769
5. Caroline gbor.: 1757, an Pocken gstor. 1777
6. Philippine gbor.: 1773, an Pocken gstor. 1777.
(Siehe auch: de Bruyn G (1993) Mein Brandenburg. S.Fischer, Frankfurt/M. S. 106 ff. Foto: Verf.)

Der Leichnam und seine Überlieferungsformen

4

Jede Befassung mit thanatologischen Themen setzt Kenntnis über die Welt der Lebenden voraus. Allererst ist dies die Welt der Körper, weil deren Überreste und ihre Begleitfunde in der thanatologischen Bewertung zurückführen sollen zu den Handlungen jener, die als Hinterbliebene, Beauftragte oder Barmherzige das Notwendige für einen Toten besorgten, und zu Auskunft über den Bestatteten. Die erkenntnisschaffende Methode ist in doppelter Hinsicht *„praxeologisch"*: es ist das kulturschaffende Sozialverhalten der Bestattenden und der kulturdokumentierende Befund über den beigesetzten Körper (allgemein zur Methode, speziell der Ethnomethodologie: Knorr-Cetina 1991; vom Lehn 2012), soweit die Sachüberreste dies zu bezeugen vermögen. Eine Erörterung thanatologischer Themen, die sowohl zeitenübergreifend als auch kulturenübergreifend aufgestellt wären, würde zwangsläufig als sehr kurze Aufzählung trivialster Gemeinsamkeiten enden. Das „Allgemeine" kann sich bestenfalls als epochenspezifisch und für einen gemeinsamen Kulturraum verstehen. Das Erkenntnisinteresse der Befundung aller Überreste zielt auf die Herstellung einer Verbindung zwischen dem körperlichen Überrest und der personalen wie sozialen Identität des Menschen zu seinen Lebzeiten.

I Skelett
Die Skelettierung ist der letzte Zustand innerhalb der späten Leichenerscheinungen, vor der Auflösung des Knochensubstrats und damit der Rückkehr der letzten Körperbausteine in den allgemeinen ökosystemaren Kreislauf. Die Auflösungen sind

Elektronisches Zusatzmaterial Die elektronische Version dieses Kapitels enthält Zusatzmaterial, das berechtigten Benutzern zur Verfügung steht. https://doi.org/10.1007/ 978-3-658-32783-5_4

© Der/die Autor(en), exklusiv lizenziert durch Springer Fachmedien Wiesbaden GmbH, ein Teil von Springer Nature 2021
B. Herrmann, *Thanatologie*, essentials, https://doi.org/10.1007/978-3-658-32783-5_4

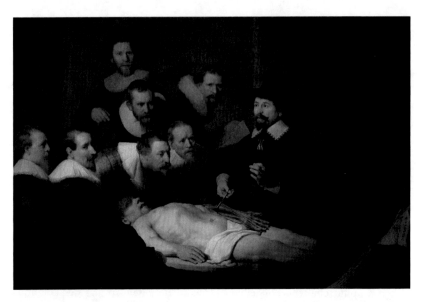

Abb. 4.1 Rembrandt van Rijn (1632) Die Anatomiestunde des Dr. Nicolaes Tulp (Mauritshuis, The Hague)

abhängig von diagenetischen Prozessen: Vom Mikrobiom des Liegemilieus, den klimatischen Verhältnissen sowie mechanischen und chemischen Einflussfaktoren. Die Auflösung kann wenige Jahrzehnte, viele hundert oder tausend Jahre dauern oder in subfossile bzw. fossile Zustände übergehen. Skelette sind die häufigste Überlieferungsform menschlicher Überreste.

Die Prähistorische Anthropologie hat der Behandlung und Bearbeitung archäologisch oder denkmalpflegerisch geborgener Skelettreste den größten Teil ihrer wissenschaftlichen Tätigkeit gewidmet. Eine Übersicht liefert das *essential* Prähistorische Anthropologie (Herrmann 2015), weitergehende Informationen einschlägige Lehrbücher (z. B. Herrmann et al. 1990; Grupe et al. 2015). Die darin abgedeckten skelettbezogenen Gebiete werden daher hier nicht weiter erörtert.

Für die Befundung von Alter, Geschlecht und Körperhöhe liegen kanonisierte Verfahren vor. Sie identifizieren den Bestatteten hinsichtlich biologischer Grunddaten. Für die Einordnung des Bestatteten als Element einer Sozialgemeinschaft sind diese Daten von grundlegender Bedeutung, weil sie die Voraussetzungen für die Geschlechter- und Altersrollen sind. Die solide Kenntnis der Normalanatomie des Skeletts ist zwingende Voraussetzung für weitergehende Aussagen: Die soziale Wertschätzung oder Akzeptanz hängt nämlich auch an äußeren Faktoren wie der körperlichen Normalgestalt, dem Ernährungsstatus, einem etwaigen Krankheitsgeschehen, an Habituationen, die sich aus dem Skelettbefund ableiten lassen. Hierzu gehören nicht nur Aktivitätsmuster, die bei andauernd gleichförmiger Ausübung (berufsbedingt, Pfeiferauchen) oder wiederholter Extrembeanspruchung entstehen (z. B. Reiten, durch Harpunieren von Meeressäugern, Handhabung des Langbogens). Ebenso relevant sind Verhaltens- oder Bewegungsauffälligkeiten als Folgen von Dysplasien, Unfällen oder Erkrankungen des Skelettsystems.

Die Erfassung von Stoffwechselstörungen oder Erkrankungen der inneren Organe ist am Skelettsystem extrem eingeschränkt und kann zumeist nur durch bildgebende Verfahren oder invasive Untersuchungsmethoden (Histologie; Spurenelement- und Isotopenanalysen) festgestellt werden. Manche Infektionskrankheiten (z. B. TBC, Syphilis, Pest) lassen sich in günstigen Fällen über aDNA-Analyse belegen.

Die aDNA-Analyse ermöglicht heute auch grundsätzlich den Zugriff auf eine Reihe normaler phänotypischer Merkmale und genetisch bedingter Krankheiten. Für Befunde am archäologischen Material ergibt sich dabei die Schwierigkeit, die Wahrscheinlichkeit ihrer Exprimierung abzuschätzen.

Sofern skelettaffine Krankheitsbilder vorliegen, lassen diese sich meist vom äußeren Erscheinungsbild her einordnen (klassisch: Steinbock 1976; Ortner und Putschar 1981) Ergänzend stehen Inspektionsmethoden (Bildgebung) oder histologische Verfahren zur Verfügung. Letzte können allerdings nicht auf klinisch-histochemische Methoden zurückgreifen, sondern sind auf die Beurteilung der bloßen Knochentextur angewiesen.

Sorgfältige Bergungstechniken können skelettassoziiert etwaige Nieren- und Blasensteine, Echinococcus-Cysten (Weiss und Møller-Christensen 1971) und Pleurapanzer u. a. m. sichern.

Das weite Feld kurativer Maßnahmen lässt sich gelegentlich auch am Skelett fassen, wenn Eingriffe zu dauerhaften Form und Strukturauffälligkeiten führen. Beispielhaft ist die Übersicht von Gerd Koenig 1982, der Verbindungen vom archäologischen Befund zur körperliche Konstitution, zu Hygienevorstellungen, zu operativen Eingriffen, zu körperlichen Manipulationen im Rahmen der Erziehung usw. herstellt.

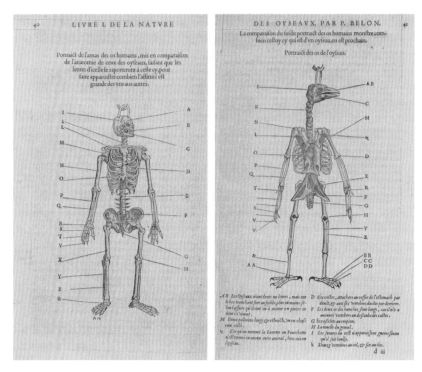

Abb. 4.2 Mit den nebeneinander gestellten Skeletten eines Menschen und eines Vogels verbildlicht Pierre Belon 1555 das Homologieprinzip (L'histoire de la nature de oyseaux, S. 40–41). Darüber hinaus ist die Abbildung ein erkenntnistheoretischer Meilenstein, weil sie Menschen und Tiere als gleichartige Wesen einordnet. Der Mensch verliert seine spirituelle Sonderstellung und wird damit zu nichts als einem Wirbeltier. https://gallica.bnf.fr/ark:/12148/btv1b8608302w

II Leichenbrand

Als Leichenbrand werden die nichtbrennbaren Überreste einer Leichenverbrennung bezeichnet (Abb. 4.3). Mineralogisch wird der Apatit des Knochens dabei überwiegend in den schwerlöslichen Whitlockit überführt, was die relativ hohe Zahl erhaltener prähistorischer Leichenbrände erklärt. Anschlusshandlungen nach Herstellung eines Leichenbrandes sind begrenzt. Entweder wird der Verbrennungsplatz mit den Brandresten aufgelassen oder die Brandreste werden aufgesammelt und in Behältnissen bewahrt, ggfls. in ihnen beigesetzt, auch in Gruben geschüttet. In einigen Kulturen werden Teile der Brandreste gemahlen und in zeremoniellen

Abb 4.3 Im Bildvordergrund, rechts neben dem Spaten, sichtbare Überreste des ältesten bekannten Leichenbrandes. Oberflächenfund auf einer ehemaligen Seedüne 1968 am Lake Mungo, New South Wales (Australien) durch Jim Bowler. Es handelt sich um die Überreste einer etwa 19jährigen Frau (Lady Mungo oder Lake Mungo I), die verbrannt wurde. Anschließend sollen die Skelettreste zerbrochen und erneut verbrannt worden sein. Die absichtliche Zerschlagung und erneute Verbrennung sind mit Zurückhaltung zu bewerten, weil es hierfür bei Leichenbränden keine sicheren Kriterien gibt. Der Fund ist auf ein Alter von ca. 40.000 BCE datiert. Er belegt jedenfalls ein komplexes Bestattungsritual. (Foto: Jim Bowler, https://theconversation.com/time-to-honour-a-historical-legend-50-years-since-the-discovery-of-mungo-lady-97785)

Mahlzeiten bzw. Getränken von der Sozialgemeinschaft aufgenommen. In manchen prähistorischen Leichenbränden findet sich mehr als ein Individuum, etwa in sogen. Mutter-Kind-Bestattungen, auch Reste zweier Erwachsener, sehr selten mehrerer Individuen, wobei eine Verschleppung von Fragmenten bei möglicher Mehrfachnutzung eines Verbrennungsplatzes nicht auszuschließen ist. Ohne Beispiel ist eine etwa 15 l umfassende Menge Leichenbrandreste, Überreste mehrerer Erwachsener und Kinder, die an einer Luxemburger Kirchenmauer freigelegt wurden und die wahrscheinlich auf eine mittelalterlich-frühneuzeitliche Menschenverbrennung kriegerischer Ursache oder ein Brandunglück zurückzuführen sind, denn verbrannte Herätiker hätte man wohl kaum an der Kirchenmauer beigesetzt.

In Mitteleuropa war die Leichenverbrennung annähernd obligatorische Bestattungsform von der Bronzezeit bis in die Kaiserzeit, also von ca. 1800 BCE bis ca. 400 CE. Kommt archäologischer Leichenbrand zur Begutachtung, liegt er zumeist als kleinfragmentierte Bruchstücke vor. Aus diesen wird oft voreilig auf ein absichtsvolles Zerkleinern der Brandreste als Teil des Totenrituals o. ä. geschlossen. Tatsächlich zeigen die wenigen systematischen Bergungen von bronzezeitlichen Brandresten aus Urnen u. a. durchaus größere Diaphysenstücke, intakte Wirbel und handgroße Beckenfragmente. Sie weisen allerdings Hitzerisse (und liegezeitbedingte Brüche) auf, die bei zügiger Entleerung der Urnen die Zusammenhangstrennungen begründen. Aus den Mustern der Hitzerisse kann vermutlich wahrscheinlich gemacht werden, ob die Verbrennung nach Austrocknung der Leiche erfolgte, obwohl hierfür keine experimentelle Überprüfung bekannt ist. Ein Überwiegen glatter Diaphysendurchbrüche soll für diese Bedingung hinweisgebend sein. Parabolische Frakturmuster, die trajektoriellen Zuständen in den Diaphysen folgen, sollen hingegen als Folgen der Spannung bei sich thermisch verkürzender Muskulatur und Sehnen auftreten. Gelegentlich wurden die Leichenbrandreste in einer anatomischen Ordnung in der Urne deponiert (a capite ad calcem oder Cluster gleicher anatomischer Qualität).

Die wesentlichen Grundlagen der Bearbeitung prähistorischen Leichenbrands sind in den 70er und 80er Jahren des letzten Jahrhunderts erarbeitet und in der immer noch gültigen Bibliographie von Lange et al. (1987) zusammengefasst worden. Eine Übersicht auch in Herrmann et al. (1990, S. 256 ff.) sowie bei Holck (1996) und Dokládal (1999). Aus den kohlenstoffhaltigen Verfärbungen am Leichenbrand sind Rückschlüsse auf die Verbrennungsbedingungen möglich (oxidierend, reduzierend), die Verbrennungstemperaturen können aus dem mikrokristallinen Gefüge der Diaphysenbruchstücke erschlossen werden. In der Regel und bei repräsentativer Zusammensetzung des Leichenbrandes können an ihm auch Alter, Geschlecht, Körperhöhe u. a. m. des bestatteten Individuums bestimmt werden. Auch sind histologische Untersuchungen möglich, wobei mikroradiographische Methoden vorteilhaft sind. Wissenszuwachs für die Bearbeitung von und die Diagnostik am Leichenbrand durch neue Gesichtspunkte oder Untersuchungsmethoden hat es in den vergangenen zwei, drei Dekaden praktisch nicht gegeben. Substanzielle Ergebnisse sind von einem neuen histomorphometrischen Ansatz zu erwarten (Carroll und Squires 2020).

Gelegentlich finden sich mitverbrannte Tierknochen im Leichenbrand, wobei unklar ist, ob diese von tierlichen Opfergaben oder Resten des Totenmahles stammen. Bekannt sind ebenfalls metallische Beigaben, die oft im Feuer den Knochenstücken aufgeschmolzen sind. In römischen Leichenbränden sind Bruchstücke von Knochenflöten und sogar knöcherne Beschläge von Klinen gefunden worden, auf denen offenbar der Verstorbene verbrannt wurde. Im Leichenbrand gefundene Holzkohlenreste verweisen eher auf opportunistische Holznutzung als auf spezielle Holzarten. Schriftquellen legen für Mitteleuropa die Mitverbrennung ausgewählter Kräuter nahe (Herrmann 1990).

Dass zur Verbrennung oder zur Beisetzung der Überreste gesprochen und gesungen wurde, kann als sicher angenommen, wenn auch kaum bewiesen werden. Für mediterrane Kulturen berichten Schriftquellen über eine Ablöschung des Leichenbrandes mit Wein und anschließendem Totengedenken (eindrucksvoll: die Totenfeier für Patroklos vor Troja, Ilias 23.Gesang). Ansonsten geben sich Leichenbrände und ihre Fundumstände kaum zu aufwendigen Rekonstruktionen von Bestattungsriten her. Als Informationsschrift über die Verbreitung und Ursachen der Leichenverbrennung (bei außereuropäischen Völkern) immer noch kennenswert Ursula Schlenther (1960).

III Mumien, Mumifikation und Umfeld

Die Komplexität von Bestattungspraktiken wird aus dem Umfeld jener Bestattungen besonders deutlich, bei denen sich mumifizierte Weichgewebe erhalten haben (Aufderheide 2003). Intendierter Weichteilerhalt belegt die aufwendigen Praktiken der Versorgung des Toten und damit die Existenz elaborierter Jenseitsvorstellungen. Das bekannteste Beispiel hierfür ist der altägyptische Totenkult. Ihm stehen, obwohl längst nicht so popularisiert, Totenkulte der Südamerikanischen Hochkulturen hinsichtlich des Umfangs und des Alters manipulativer Eingriffe an der Leiche nicht nach (Abb. 4.4).

Entgegen ihrem etymologischen und rezeptionsgeschichtlichen Hintergrund werden als „Mumien" gegenwärtig alle Formen des Weichteilerhalts Verstorbener bezeichnet. Eine beabsichtigte Mumifikation ist als Ursache nicht erforderlich. Damit werden Permafrost- oder Eis- und Gletscherleichen heute ebenso den Mumien zugerechnet, wie Leichenfunde im Salzbergbau, wie Moorleichen oder durch mikroklimatische Gunst entstandener Weichteilerhalt bei Gewölbe- und Gruftbestattungen. Auch die weichgeweblich-elastisch erhaltenen Leichen von Mawangtui (1980) werden als Mumien angesprochen. Selbst forensische Fälle, die im Stadium der Verwesung als späte Leichenerscheinung verharren (etwa Dachbodenfunde nach Suizid), werden phänomenologisch als Mumien systematisiert. Hinzuzurechnen sind auch Trophäenköpfe mit Weichteilerhalt (bekannt: Schrumpfköpfe, auch Trophäenköpfe z. B. der Mundurucu), die in zahlreichen Kulturen Bedeutung hatten. „Mumien" spielen auch in heutigen Bestattungspraktiken eine Rolle (Quigley 1998).

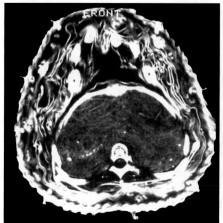

Abb. 4.4 Li: Peruanisches Mumienbündel, vorspanisch, Chavin de Huántar. CT-Querschnittsbild des mit Pflanzenfasern ausgestopften Thorax und der in Hockstellung vorgelagerten Extremitäten. Die Exenteration erfolgte häufig per anum (aus Herrmann und Meyer 1993). Re: Kindermumie von der Torresstr. Die Mumie war dabei nur ein Zwischenschritt im Bestattungszeremoniell nach Entnahme der Eingeweide und langsamer Trocknung über offenem Feuer. Nach angemessener Zeit wurde die Mumie am Meeresufer auf einem Podest dem Zerfall preisgegeben (aus Herrmann 1983)

Die erhaltenen Weichgewebe können manchmal erfolgreich mit histochemischen Methoden aufbereitet und differentialdiagnostischen histologischen Untersuchungen zugeführt werden. Tests auf psychotrope Substanzen an ägyptischen und südamerikanischen Mumien haben bisher kaum sicher reproduzierbare positive Ergebnisse gezeitigt.

Mumifikation als *intendierter* Erhalt von Weichteilen ist weltweit in zahlreichen Kulturen nachgewiesen. Dabei sind begünstigende klimatische Umweltbedingungen sowohl absichtsvoll eingesetzt als auch billigend ausgenutzt worden. Reine Trockenmumien sind häufig [z. B. Alt-Ägypten, Tarim-Region und Taklamakan (China), Südamerika, Europa], größere Aufmerksamkeit wird seit jeher jenen Mumien zuteil, die mit gewissem präparatorischen Aufwand erzeugt wurden.

Im Prinzip werden bei intendierter Mumifizierung alle Verfahren eingesetzt, die auch für die Haltbarmachung von Nahrungsmitteln Verwendung finden (Tab. 4.1).

Tab. 4.1 Übersicht über Methoden zur Konservierung von Leichen

Anwendungsbeispiel für Nahrungsmittel	Verfahren	Thanatologisches Beispiel
Laub, Heu, Tee, Dörrobst	Lufttrocknung in Wärme (W) oder Kälte (K)	Forensisch, akzidentell, Südsee, Australien, Afrika, Südamerika
Frozen Foods	Einfrieren	Eis-, Gletscher-Mumien, Inuit
Stockfisch, Dörrfleisch	W + Entf. d. Innereien	Ägypten, Südamerika, Ozeanien
Stockfisch	K + Entf. d. Innereien	Pazyryk
Essiggurke	Säuerung	Moorleichen, Mawangdui
Pökeln	Salzen	Ägypten (Natron)
Meraner Früchte	Zucker, Honig	Alexander, Perser, Babylonier, Kelten
Fisch, Fleisch	Räuchern	Afrika, Ozeanien, Japan
Kandierter Apfel	Lack aus Zucker	Japan, Skythen
Käselaib in Paraffin	Wachsen	Skythen, Perser (Herodot)
Beizen + Marinieren	„Balsamieren"	Zahlr. Beisp. antik und modern
Sauerkraut, Silage	Milchsäuregärung	–

Nachdem bronzezeitliche Bestattungen in Großbritannien offenbar den Verdacht der Bestattung vorher Mumifizierter nahelegten (Booth et al. 2015), wird neuerdings diskutiert, ob diese Sitte auch in Kulturen Festlandeuropas stattgefunden hätte (Mandl et al. 2018), ohne bisher dafür eine begründete Vermutung oder einen Beleg erbracht zu haben. Als beweisgebend soll die fehlende Intensität und Ausprägung eines für typisch gehaltenen mikrobiellen Abbaus der Knochenkompakta gelten. Daraus wird letztlich auf ein Leichenmikrobiom geschlossen, das sich von einer unbehandelten Leiche unterscheide; als Behandlung der Leiche wird Mumifizierung behauptet.

Derartigen Aussagen ist gegenwärtig mit Zurückhaltung zu begegnen, da Kenntnisse über die Auswirkung des Boden-Mikrobioms, bzw. in Kombination mit einem Leichen-Mikrobiom, auf Skelettreste unter langer Liegezeit nicht vorliegen. Boden-Mikrobiome können kleinräumig variieren. Histochemische Untersuchungen an der Kompakta nach langer Liegezeit erbrachten keine Hinweise auf Regelhaftigkeit (Herrmann 1993). In Boden-Mikrobiomen existieren zudem nachweislich Mikroorganismen mit antibiotischen Wirkungen (Piepenbrink et al.

1983). Ein Abgleich des Mikrobioms des Auffindeorts mit Bodenmikrobiomen (Corrêa et al. 2020) zur Aufdeckung der behaupteten Bezüge dürfte einen sehr erheblichen Forschungsbedarf erfordern. Zwischenzeitlich ist davon auszugehen, dass Mumifikation in Europa nicht flächenmäßig und nicht weitverbreitet zeit- und kulturenübergreifend praktiziert wurde. Die Mumien im kirchlichen Umfeld Südeuropas („Kapuziner") haben keine archäologische Bedeutung, sie sind bizarre Abkömmlinge einer neuzeitlichen Memoria.

Sicherlich wurden im historischen Verlauf die Leichen bestimmter Persönlichkeiten Balsamierungstechniken unterzogen (z. B. Ráček 1985; Vermeeren und van Haaster 2002). Balsamierungen wurden ursprünglich unter Verwendung von Zedernharz (= Balsam) durchgeführt. Eine Entscheidung über die Versorgung der Leiche war insbesondere bei hochgestellten Persönlichkeiten zu treffen, die in großer Ferne vom vorgesehenen Ort ihrer Beisetzung verstarben. Statt einer Balsamierung wurden alternativ bei manchen Herrschern Entfleischungen des Skeletts nach Exartikulation und Abkochung von Leichenteilen durchgeführt und nur die Skelettteile überführt. Einzelne innere Organe, die vorher entnommen wurden, versandte man an Abteien und verband dies mit Schenkungen (Schäfer 1920; von Rudloff 1921; Park 1995). Nach Dietrich Schäfer betraf diese Prozedur u. a. etliche in den Speyerer Kaisergräbern Beigesetzte. Den bisher einmaligen, wenn auch kontrovers diskutierten, *Nachweis* einer Abkochung führten Bada et al. (1989) für den deutschen Kaiser Lothar III (†1137) durch, der in Königslutter beigesetzt ist. Neuerdings wendet man sich verstärkt der allgemeinen Frage zu, welche Auswirkungen Kochvorgänge auf Knochen haben (Solari et al. 2015).

In europäischen Kulturen sind Balsamierungen oder ihnen verwandte Techniken lange praktiziert worden. Der Vater Alexanders des Großen wurde noch verbrannt. Ähnliches wird auch für die Helden des Trojanischen Krieges berichtet. Alexander, der fern seiner griechischen Heimat verstarb, soll dann in Honig oder eine Honiglösung eingelegt worden sein. Ein mikrobiologisch hochwirksames Mittel gegen Fäulnis, das auch im keltischen Bereich verbreitet gewesen sein soll, worauf über eine entomologische Argumentationskette geschlossen wurde (Stegmeier 2009).

Mentalitätsgeschichtlich aufschlussreich, aber nahezu einzigartig, dürfte der Sachverhalt sein, den Samuel Pepys unter dem 7.9.1665 seinem Tagebuch über einen Besuch bei Sir Robert Vyner anvertraute: *„Er zeigte mir einen schwarzen Boy, den er hatte und der an der Schwindsucht gestorben war; und als er tot war, ließ er ihn in einem Backofen trocknen, und nun liegt er wohlbehalten in einem Schaukasten."* Kaiser Franz II von Österreich ließ 1776 den Leichnams eines Afrikaner, Angelo Soliman, entführen, und mit drei weiteren exotischen Menschen ausstopfen und seinem Raritätenkabinett zufügen. 1848 gingen die Präparate bei einem

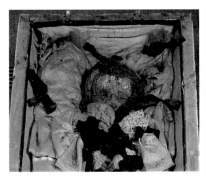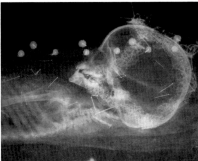

Abb. 4.5   Li: Barockzeitliche Kindermumie in einem Weichholzsarg, zu dem ein eichener Übersarg gehörte. Mumifizierung durch rasche Aufnahme der Fäulnisexsudate in der Sargkonstruktion und durch mikroklimatische Gunst in einer bewetterten Kirchengruft. Der Leichnam liegt auf einem Tuch über einer Schicht Hobelspäne. Über dem Leichnam eine Spitzendecke, die mit schwarzen Seidenschleifen mit der Unterlage der Sargauskleidung fixiert wurde. Re: Seitliche Röntgenaufnahme zur Darstellung der Totenkrone aus Messingdraht. Eine horizontale Nagelreihe markiert die Befestigungsstellen der Sargauskleidung und der Schleifenenden, die ursprünglich von Seite zu Seite gespannt waren. Sichtbar sind ferner Drapiernadeln, mit denen die Bekleidung des toten Mädchens fixiert wurde. Alle für die Dokumentation erforderlichen Daten können durch bildgebende Verfahren gewonnen werden, sodass eine weitere Störung der Totenruhe vermeidbar ist. (Aufn.d.Verf.)

Brand in der Wiener Hofburg verloren. Eine Singularität dürfte auch die Auto-Ikone von Jeremy Bentham (1748–1832) auf einem Treppenpodest im University College London darstellen.

Vergleichsweise häufig sind Mumien, die unbeabsichtigt durch mikroklimatische Gunst in Grüften und Gewölben entstanden, wobei Eichensärge und eine gute Bewetterung begünstigend wirkten. Beispiele sind zahlreich und betreffen u. a. den Bremer Bleikeller und den Leichnams Goethes, der bei der Sargöffnung 1970 teilmumifiziert aufgefunden wurde (Abb. 4.5–4.7).

Gut bekannt sind frühneuzeitliche Balsamierungstechniken, vor allem nach Stephan Blankaart und Louis de Bils (Blankaart 1705; Müller 1743). Sie können in Fällen überlieferter Mumien aus Gruftbestattungen eine Mumienbildung begünstigt haben.

Derartige bei Sargöffnungen aufgefundenen Mumien waren offenbar seit jeher phantasieanregend und beförderten Gruselgeschichten. Theodor Fontane erwähnt die Mumie des Ritters Kahlbutz, verbindet sie mit einer Gruselgeschichte aus der Franzosenzeit, unterschlägt aber die eigentliche Legende um den angeblichen

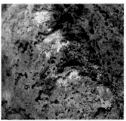

Abb. 4.6 Kindermumie wie in Abb. 4.5 Li: Mumifizierte Gesichtshaut mit Insektenfraß-
spuren. Bei Eiablage auf dem Leichnam durch leichenaffine Fliegenarten kam es nach dem
Sargverschluss zum mehrmaligen Ablauf vollständiger Metamorphosen. Mi: Detail der li
Abb.: Insektenfraß. Die Scharfrandigkeit der Fraßspuren ist beweisgebend für den Verzehr
der bereits trockenen Gesichtshaut durch Insektenmaden. Re: Häutungsreste, Puparien und
Imagines der eingeschlossenen Insekten. Die vorliegenden Insektenarten können Hinweis
auf das Sterbedatum im Jahreslauf geben. Die Bestimmung der Arten erfolgt durch einen
(Forensischen) Entomologen (z. B. Amendt 2007) (Aufn.d.Verf.)

Abb. 4.7 Die (natürliche)
Mumie des „Ritters"
Christian Friedrich von
Kahlbutz (†1702) in einem
Schausarg, Kampehl bei
Neustadt (Dosse). Die
Mumie wurde 1794 bei der
Umbettung des Sarges
gefunden. (Foto: Verf. 1992)

Grund der Mumienbildung: Der wegen Mordes am Verlobten einer Magd, die dem
Gutsherrn Kahlbutz angeblich das Recht der ersten Nacht verweigert hatte, ange-
klagte Ritter bestritt die Tat und bekräftigte die Beteuerung seiner Unschuld mit
einem Reinigungseid, dass er niemals im Sarge verfaulen wolle, sollte er die Tat
begangen haben. Er erhielt vom weltlichen Gericht einen Freispruch (Abb. 4.7).

Mumien dieser Herkunft dienten jungen Männern bis ins frühe 20. Jahrhundert in provinziellen Vergnügungen zur geschmackswidrigen Mutprobe als Tanzpartner („Tanzmumie").

Ideenmäßig mit der Mumifizierung verbunden sind Übermodellierungen von Schädeln zur Erzeugung einer plastischen Nachbildung eines Kopfes resp. eines Gesichts. Sie kommen archäologisch u. a.im skythischen Kulturbereich vor, ethnologisch in der Südsee. Sie können Portraiteigenschaften aufweisen (Skythen; Neuguinea, Sepik-Region) oder grotesk und unrealistisch übersteigert gestaltet sein (Neuirland; Herrmann et al. 1976).

Aus altägyptischen Mumien wurde seit mindestens dem 1. Jh. CE ein bis in die 1920er Jahre vertriebenes Arzneimittel hergestellt. Fälschungen wurden aus einheimischen Mitteln, u. a. auch aus Moorleichen, Hochgerichtsopfern, Leichendiebstahl hergestellt. Für innerliche und äußerliche Anwendung, u. a. als Aphrodisiakum und zur Bekämpfung von Behexung.

Teile von Mumien bzw. mumifizierte Körperteile, die Heiligen zugeschrieben wurden, werden bis heute in Reliquiaren verwahrt (Reudenbach und Touissant 2005; Touissant 2005). Kulturhistorisch bedeutsam sind auch Verwendungen (einheimischer) mumifizierter Körperteile, die als „Beweise" körperlicher Versehrtheit beim Betteln verwendet oder in zauberischer Absicht bzw. als Amulette eingesetzt wurden (Abb. 4.8). Hierunter sind auch solche Objekte zu subsumieren, die als nekrotische Körperteile, etwa durch Ergotismus oder Lepra, abgesetzt und anschließend einschlägig verwendet wurden.

Abb 4.8 Li: Ausschnitt aus Mitteltafel „Versuchung des Heiligen Antonius" Hieronymus Bosch, c.1500, Museo Nacional de Arte Antiga. Lissabon. Der zum Betteln ausgelegte mumifizierte Fuß soll den (ergotismusbedingten?) Verlust des eigenen Fußes suggerieren. Für die Beschaffung eines derartigen Fußes standen neben Wundärzten auch die unbestatteten Opfer einer Richtstätte zur Verfügung. Die Abbildung eines mumifizierten Fußes, der eindeutig einen bettlerischen Zusammenhang aufweist, befindet sich auch auf der rechten Rückseitentafel von Boschs „Weltgericht" (Akademie der Künste, Wien), zusammen mit der als St Hippolyt gedeuteten Figur. Re: Francisco de Goya, Caprichos Blatt 12, A caza de dientes. Rötel und Bleistift. c.1797 (Museo del Prado, Madrid). Die Frau bricht einem Gehenkten einen Zahn aus dem Kiefer. Der Zahn kann als Amulett und u. a. zum Liebeszauber verwendet werden

Vorschriften, Konventionen, Lagerung der Toten, Gesten und Zeichen

5

Bestattungen erfolgen üblicherweise in Einzelgräbern. Doppelgräber sind in der Regel endneolithisch (z. B. Schröter und Wamser 1980) oder frühbronzezeitlich, selten jünger. Mittelalterlich müssen sie als auffällig, als „Sonderbestattungen" gelten. Massengräber verweisen auf ein hohes Totenaufkommen, etwa in Zeiten von Pandemien oder Kriegsereignissen (Abb. 5.1).

Bei Massengräbern führt die große Menge von Fäulnisgasen zu oberirdisch wahrnehmbaren Geräuschen, die ein Erstling der deutschen rechtsmedizinischen Literatur, Christian Garmann 1670, in ihrer Ursache richtig und mit dem Ausdruck „schmezzende Tote" beschrieb. Seine sonstigen Ausführungen nehmen sich ähnlich seltsam aus, wie die des nur wenig älteren Francis Bacon (1556–1626) in „Historia vitae et mortis" (1622/1638).

Von Massengräbern sind Deponien von Skelettteilen leicht zu unterscheiden, die als Aufsammlungen nach Neubelegungen eines Friedhofs, meist nahe der Kirchmauer, abgelegt werden.

Für die thanatologische Informationsgewinnung muss zunächst gesichert sein, dass die Lage der Überreste derjenigen bei Niederlegung der Leiche entsprach. Verlagerungen von Skelettelementen ohne externe Eingriffe sind nur möglich, wenn bis zur Skelettierung ein hinreichender Hohlraum um den Bestatteten bestand. Bereits in diesem Zustand können bodenaktive Kleinsäuger Verlagerungen oder Verfrachtungen kleinerer Skelettelemente verursachen. Bei zu geringer Eintiefung der Leiche ($\leq$ 80 cm) kommen aasfressende Säugetiere als Ursache von Positionsverschiebungen in Betracht, ebenso Beraubung des Grabes wie

Elektronisches Zusatzmaterial Die elektronische Version dieses Kapitels enthält Zusatzmaterial, das berechtigten Benutzern zur Verfügung steht. https://doi.org/10.1007/978-3-658-32783-5_5

© Der/die Autor(en), exklusiv lizenziert durch Springer Fachmedien Wiesbaden GmbH, ein Teil von Springer Nature 2021
B. Herrmann, *Thanatologie*, essentials,
https://doi.org/10.1007/978-3-658-32783-5_5

Abb. 5.1 Gaetano Zumbo (1656–1701) Die Pest (1691/94). Diorama mit Wachsfiguren. Zumbo war als Wachsbildner spezialisiert auf Darstellungen des verwesenden menschlichen Körpers. Basis ca 85 cm. Museo di Storia Naturale La Specola, Florenz (Foto: Verf.)

auch Eingriffe gegen Wiedergängertum oder aus apotropäischen bzw. spirituellen Praktiken.

Grab- und Bestattungssitten folgen Konventionen, die sich den jeweiligen sozioökonomischen und ideologischen Verhältnissen in einer Sozialgemeinschaft (Siedlungsgemeinschaft), einer sozialen Schicht (z. B. Berufsverbände des Gildewesens), einer Abstammungsgemeinschaft (z. B. Merowinger), einem Kulturbereich (z. B. Hugenotten), einem rechtlichen Geltungsbereich (z. B. Zwölftafelgesetz) u. a. m. verdanken. Sie befolgen Normen, Regeln und Konventionen im Hinblick auf Alter und Geschlecht der Verstorbenen in der Gemeinschaft, der sie angehörten.

Alexander Häusler (1994, 1996) hat mit Geschlecht, Alter, Status und den spezifischen physischen und psychischen verbundenen Besonderheiten des bestatteten Individuums sowie mit weiteren Kriterien wie der Todesursache Bestattungsregeln systematisch untersucht. Die Grab- und Bestattungssitten folgen danach keinen strengen Gesetzen, Regel und Ausnahme bedingen einander.

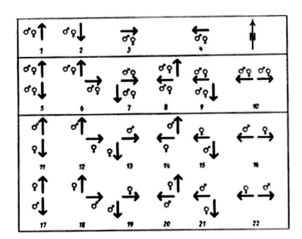

Abb. 5.2 Schema von Bestattungen in gestreckter Rückenlage nach den vier Himmelsrichtungen (Aus Häusler 1994)

Häusler hat 10 theoretisch mögliche Bestattungsrichtungen für die ausgestreckte Rückenlage nach monopolarer und bipolarer geschlechtsindifferenter Orientierung und 12 theoretisch mögliche bipolare Orientierungen benannt (Abb. 5.2)

Für Hockerbestattungen ergeben sich nach Häusler 52 theoretische Möglichkeiten der Orientierung, zu denen 8 Varianten der Armhaltung hinzukommen. Für einzelne Kombinationen fand er beispielsweise sichere geographische Verteilungsmuster neolithischer Bestattungen in Mittel- und Osteuropa.

Leider wurde dieser Ansatz einer systematischen Auswertung nicht nennenswert aufgegriffen und auf andere Zeit- und Kulturräume übertragen, obwohl die Daten einfach aus den Ausgrabungsberichten zusammengefasst werden könnten. Nachfolgend Vorschläge für eine systematische Ansprache (Abb. 5.3 und 5.4):

Seit der Kaiserzeit und dem Mittelalter wurde in Mitteleuropa die ausgestreckte Rückenlage als Position der Leiche, und zwar bereits vorschristlich, und mit der Christianisierung eine West-Ost-Ausrichtung verbindlich (Kopf mit Blickrichtung nach Osten = Jerusalem). Trotz der aufkommenden kollektiv „geosteten" Ausrichtung auf Reihengräberfeldern fallen variierende Gräberachsen auf, die in Zusammenhang mit dem jahreszeitlich wechselnden (Sonnen-) Aufgangsazimuten am Sterbe- bzw. Beisetzungstag gesehen wurden. Aus den ermittelten Ostpunkten wurde auf Sterblichkeitsverteilungen geschlossen (Wells und Green 1973).

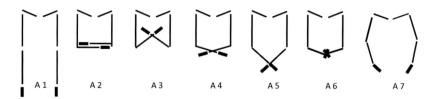

Abb. 5.3 Schematische Darstellung möglicher Armhaltungen bei in ausgetreckter Rückenlage Bestatteten: A 1: parallel zur Körperachse, A 2 Unterarme parallel transversal, A 3
Unterarme vor der Brust gekreuzt, A 4 Unterarme vor dem Oberbauch gekreuzt, A 5 Hände
über dem Becken gekreuzt, A 6 Hände gefaltet (auch als Variante von A 3), Arme seitlich
abgewinkelt

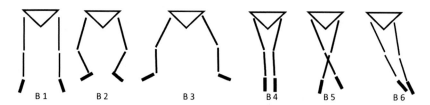

Abb. 5.4 Schematische Darstellung möglicher Beinhaltungen bei in ausgestreckter Rückenlage Bestatteten: B 1 parallel zur Körperachse, B 2 gewinkelt, B 3 gespreizt – gewinkelt, B
4 konvergierend, B 5 gekreuzt, B 6 parallel, seitenverschoben (re, li)

Derartige Versuche haben nur in Einzelfällen Resultate erbracht, die sich mit vor-
hersagbaren Sterblichkeitsmaxima innerhalb des Jahreslaufes decken (Fichter und
Volk 1980). Als Möglichkeit zur Bestimmung des Sterbedatums im Jahreslauf
wird auch das Ausspülen der Nasenhöhlen zur Gewinnung eingeatmeter jahres-
zeitentypischer Pollen empfohlen. Unklar bleibt dabei, wie zwischen möglichen
Verunreinigungen und authentischem Pollenspektrum unterschieden werden kann.

Die Positionen der freien Extremitäten (Arme, Beine) eines Skeletts sind bisher
nicht systematisch auf ihre möglichen Kodierungen untersucht worden. Allererst
sollte geprüft werden, ob eine abweichende Lage nach Lösung der Totenstarre
durch unachtsames Hantieren mit dem Leichnam oder dem Sarg erklärbar wäre.
Eine eigentümliche „Froschhaltung" der Bestatteten wurde von einer armenischen
Ausgrabung berichtet [Z f Ethnologie 31 (1899): (275)].

Die Lage der Extremitäten wechselt durch die Zeitläufte, und ihre Bedeutung
ist nicht immer klar. Sicher ist, dass abgewinkelte Armlagen nicht bei der Anwendung von Leichentüchern o. ä. vorkommen. Die Parallelhaltung von Armen und

Beinen zur Körperachse auf mittelalterlichen Reihengräberfriedhöfen ergibt sich in der Mehrzahl der Fälle aus der Textil- oder Stroh-Umwickelung des (gefaschten) Leichnams. Ab dem Hochmittelalter liegen Unterarme auch angewinkelt über dem Bauch oder über der Brust gekreuzt, in jüngerer Zeit auch mit gefalteten Händen. Das Zusammenlegen der Handflächen beim Gebet ist vermutlich aus der fränkischen Huldigungsform hervorgegangen, mit der ein Vasall seinem Lehnsherrn den Eid leistete. Das Händefalten ist seit dem 13. Jahrhundert üblich, aber als Gebetsgestus eigentlich keine liturgische Gebärde geworden, sondern nur das Zusammenlegen der Hände mit ausgestreckten Fingern. Die liturgische Orientierung lieferten z. B. Regino von Prüm (†915) und Durandus von Mende (1230–1296) (siehe Kyll 1972; Suntrup 1978, S. 179; vgl. auch Buijssen 1983).

Die Beinhaltung ist weniger variabel und in der Bedeutung oft unklar. Bei gewickelten Leichnamen können gekreuzte Beine sich einfach durch die Wickelung ergeben. Ikonographisch ist bekannt, dass sie auch Zeichen einer sozial herausgehobenen Stellung sein können.

Obwohl Gesten auch interkulturell vergleichsweise gut untersucht sind (Morris et al. 1979; Bremmer und Roodenburg 1992; Schmitt 1992), ist das Feld der Zeichen, die als (mögliche) Gesten des Leichnams von den Bestattern arrangiert wurden, unterforscht. Mehrfach betonen bereits die antiken Schriftsteller, dass Finger sprechen könnten, die Finger haben in der Volkskunde ihre Namen, personifizieren die Schwurhand, sie erzählen von Hunger und Essen, sind Kommunikatonsmittel als *signa loquendi* der Benediktiner (Jarecki 1981, 1988) oder Zeichen des Ironischen (Knox 1989). Es wäre sehr erstaunlich, wenn diese vielfältigen Zeichensysteme nicht auch über den Tod hinaus Verwendung gefunden hätten. Der Gestus der Feige, der bei Windeby I gefunden wurde und Anlaß zu phantasievollen Urteilen über den Leichnam bot, läßt sich indes einfach durch postmortale Fingerbewegungen im Feuchtmilieu erklären (Abb. 5.5 und 5.6).

Bezüglich abweichender Positionen von Skeletten bzw. ihrer Teile ist nur das Offensichtlichste bekannt: z. B. wird dem Enthaupteten, so er ordentlich bestattet werden darf, der Kopf zwischen die Beine gelegt. Fehlende Hände oder Finger können Hinweis auf die Entnahme als Beweismittel sein (Leibzeichen).

In den archäologischen Fundberichten wird häufiger von „abnormen Bestattungen", von „Sonderbestattungen" gesprochen. Dabei wird immer wieder Zuflucht zu Auffälligkeiten des Individuums durch besondere Umstände seines Lebens oder seines Todes (Pauli 1978) oder zu Wiedergänger- oder Vampirtheorien gesucht, wobei die Befundlagen eigentlich zu größerer Zurückhaltung mahnen (Brather 2007). Einen ersten Anlass zur Zusammenstellung abnormer Bestattungen boten die Auffälligkeiten des Gräberfeldes von Groß-Sürding (Zotz 1935), in dem u. a. Beschwerungen des Kopfes mit großen Steinen vorkamen und

Abb. 5.5 Beispiel einer Handgeste. Die linke Hand ist in absoluter Streckhaltung vom Unterarm zum Schultergelenk geführt, eine zu Lebzeiten physiologisch unmöglich Haltung. Eine portmortale Verlagerung ist auszuschließen. Die Geste muss arrangiert worden sein. Kaiserzeitlich (4.–5.Jh CE, Otterndorf, CUX). Die gleiche Geste findet sich auch bei einem kaiserzeitlichen Skelett in Baden-Württemberg. Ihre Bedeutung ist unbekannt. (Foto: Verf.)

Abtrennungen des Kopfes, der zwischen die Beine gelegt war. Beispielhafte Beobachtungen von Grabanlagen, ihren Bestatteten und die Zusammenfassung des Zeichenhaften bis zu den Positionen von Skelettelementen haben Max Martin (1976), Eggenberger et al. (1983) und Hanni Schwab (1983) vorgelegt. Unmöglich kann hier eine Aufzählung erfolgen, aber wenigstens noch der Hinweis auf die ungewöhnliche Häufung abnormer Bestattungen im Gräberfeld von Sanzkow (Ulrich 1969). Hier wird u. a. einmal die dreifache Beschwerung eines Bestatteten mit Steinen verständlich. Das Individuum weist eine alte Kopfverletzung auf, die den linken Temporallappen des Gehirns in Mitleidenschaft gezogen haben muss. Neuropathologisch ist eine Verhaltensänderung bis hin zu epileptischen Zuständen zu folgern, sodass die Fremdartigkeit des Verhaltens die Furcht der Bestattungsgemeinschaft und die nachfolgende Beschwerung des Toten mit Steinen gut erklären können. Abweichende Orientierung weist z. B. auch eine Frau mit pathologischer Schädeldeformation in Saint-Jean-sur Tourbe (F) auf. Zusammen mit anderen Fällen ergibt sich ein deutlicher Hinweis darauf, dass Verhaltensauffälligkeiten zu

Lebzeiten zu abweichenden Bestattungspositionen führten. Beschwerungen mit Steinen oder Kopfabtrennungen werden als Abwehrmaßnahmen und Totenbannungen verstanden und werden gewöhnlich einer Vorstellung über Wiedergänger (Vampire, Nachzehrer) zugerechnet (zum Wiedergängerthema: Lecouteux 1987; Sturm und Völker 1997). Wiedergänger sind nach dem Tode gespenstig umgehende Verstorbene, die wegen einer zu Lebzeiten gravierenden Vorgeschichte keine Totenruhe finden können. Vampire sind blutsaugende Wiedergänger; Nachzehrer solche, die sich mit Surrogaten zufrieden geben (Garmann 1670, Lib i, Tit iii, § 3). Auch für Tierknochen oder andere Gegenstände, die dem Toten in den Mund gelegt wurden, soll Wiedergängerfurcht (der Nachzehrer oder putative Vampir hat etwas, worauf er beißen kann) ursächlich sein. Nach einer von Rudolf Grenz (1967) mitgeteilten Statistik, sollen im westslawisch-polnisch-ungarischen Bereich etwa 0.4–1.0 % als Wiedergänger bestattet worden sein. Die Zahlen dürften auch zwischenzeitlich und über den ursprünglichen Kulturkreis hinaus nicht angestiegen sein. Münzen im Mund werden hingegen als Charonspfennig gedeutet. Die weite Verbreitung von Totenfurcht ist gut belegt (z. B. Schmitt 1993).

„Sonderbestattungen" sind Dauerthema archäologischer Diskussionen (z. B. Wahl 1994; Rittershofer 1997). Zunächst ist jede von der orthodoxen Begräbnisform abweichende Position eines menschlichen Überrestes eine „Sonderbestattung". Ihr wird deswegen besondere Aufmerksamkeit zuteil, weil man sich aus den Überresten des Bestatteten oder ggfl. den Beigaben Hinweise auf die Abweichung vom „Üblichen" erhofft, wobei das Übliche selbst eine nicht unerhebliche Varianz aufweisen kann. Erweist sich der Verdacht einer Sonderbestattung als begründet, dann würde jede für sich noch nicht die Existenz heterodoxer Todesriten belegen, sondern zunächst nur, dass eine Sozialgemeinschaft für das „außergewöhnlich Normale" (*l'eccezionale normale* i. S. von Edoardo Grendi) einen außergewöhnlichen Normalfall der Bestattung vorhält. Es sei hier noch einmal an kulturell etablierte sequenziell-repetitive Bestattungen aller Erhaltungsformen menschlicher Überreste erinnert (Übersicht bei Macho 2010).

Problematisch ist die Ansprache einzelner oder weniger Skelettteile, die in keinem erkennbaren Bestattungszusammenhang aufgefunden werden. Nächstliegend ist eine Verfrachtung vom Aushub einer Bestattungsanlage. Sie können im Fundamentbereich eines Gebäudes als Bauopfer angesprochen werden. Allgemein wird für solche Fälle häufig ein „Opferkult" bemüht (z. B. Pauli und Glowatzki 1979; Teschler-Nicola et al. 2009). Im Falle von Sekundärdeponierungen soll es sich um Opferersatz handeln, gelegentliche Kopfdeponien werden mit einem „Trophäenkult" in Verbindung gebracht (Abb. 5.6).

Abb. 5.6   Wechsel der Armhaltung in zeitlicher Abfolge:die ältere rechte Bestattung positioniert die Leiche noch mit ausgestreckten Armen. Die zugehörigen Bruchsteine dienten der Grabmarkierung/-begrenzung, nicht der Beschwerung des Individuums. Die jüngere Bestattung zeigt die Arme in vor der Brust verschränkter Andachtshaltung. Mittelalterlich. (Foto: Verf.)

Zeichen von Gewalt: Verletzungen, Körperstrafen, Leibzeichen, Kannibalismus

6

Das Subsumtionsschema dieses Kapitel liefern allein die Anzeichen bzw. Zeichen für Gewalt am körperlichen Überrest, obwohl die jeweiligen Ursachen oder ideenmäßigen Hintergründe für das rekonstruierbare Geschehen sehr unterschiedlich und ohne innere Bezüge aufeinander sind. Das Ordnungssystem folgt dem phänomenologischen Hinweis von Gewalt, die allen Bereichen zugrunde liegt. Die Alltagswelt hält vielfältige Gefahren und Risiken bereit. Ohne sie ist Leben nicht denkbar, nicht im Privaten, nicht im öffentlichen Bereich, noch in der Arbeitswelt (Abb. 6.1).

Zu früherer „häuslichen Gewalt" liegen spärliche fachhistorische Forschungsergebnisse vor, es fehlen jegliche Angaben zu menschlichen Überresten. Mir erscheint beispielsweise die überlebte Impressionsfraktur unterhalb der linken Orbita bei der 40–45 jährigen Frau aus Grab 12 des frühmittelalterlichen Gräberfeldes am St.-Peter-Hügel in Zürich (Schneider und Etter 1979) als geradezu klassische Folge häuslicher Gewalt, etwa durch Faustschlag eines rechtshändigen gewalttätigen Ehemannes. Selbstverständlich ist diese Deutung spekulativ, wenn auch nicht unplausibel bei Heranziehung forensischen Wissens.

Aus einer am Skelett festgestellten Zusammenhangtrennung, beispielsweise einem Beinbruch, ist deren Ursache zunächst nicht abzuleiten. Ob die Folge einer

Elektronisches Zusatzmaterial Die elektronische Version dieses Kapitels enthält Zusatzmaterial, das berechtigten Benutzern zur Verfügung steht. https://doi.org/10.1007/978-3-658-32783-5_6

Die Originalversion dieses Kapitels wurde revidiert. Ein Erratum ist verfügbar unter https://doi.org/10.1007/978-3-658-32783-5_8

© Der/die Autor(en), exklusiv lizenziert durch Springer Fachmedien Wiesbaden GmbH, ein Teil von Springer Nature 2021, Korrigierte Veröffentlichung 2021
B. Herrmann, *Thanatologie*, essentials, https://doi.org/10.1007/978-3-658-32783-5_6

Abb. 6.1 Li: Ein Spektrum spätmittelalterlicher-frühneuzeitlicher Körperstrafen und Hinrichtungsarten [Tengler (1538) S. CXIVʳ]; Re: Übersicht über den Zusammenhang zwischen spätmittelalterlichen Waffen und Verletzungsmustern [von Gerdorff (1528) S. XXVIIᵛ]. Es ändern sich die Waffentechniken durch die Zeitläufte, kaum jedoch die Verletzungsmuster. Die seit den Anfängen sicher auszumachender kriegerischer Handlungen existierende stumpfe und scharfe Gewalt wird mit der Erfindung von Fernwaffen (Wurf-, Schleuder- und Schusswaffen) durch weitere Verletzungsmuster ergänzt. Sie sind im Wundenmann Gerdorffs z. T. angedeutet. Feuerwaffen führten aber zeitgenössisch wegen ihrer geringen kinetischen Energie noch nicht zu Lochdefekten (Durchschüssen; vgl. Abb. 6.2)

Verdrückung während der Liegezeit, eines Unfalls zu Lebzeiten oder einer Leibesstrafe oder Gewaltanwendung vorliegt, kann nur in weiteren Nachforschungen spekuliert oder wahrscheinlich gemacht werden. Auch in der Arbeitswelt waren schwere Verletzungen möglich (Kunter 1981). Die quantitative Betrachtungsweise paläopathologischen Materials ermöglicht Differenzierungen der Knochenläsionen nach regionalen, soziokulturellen und biologischen Merkmalen. Kunter fand eine verblüffende Ähnlichkeit in den Häufigkeiten von Verletzungen der betroffenen Skelettregionen (Paläolithikum bis spätes Mittelalter) bei den archäologischen Skelettfunden zu modernen Verletzungsmustern bei Verkehrsunfällen, dagegen nicht zu betrieblichen Arbeitsunfällen. Zwar setzt die systematische Erfassung von berufsspezifischen Risiken erst relativ spät ein (Ramazzini 1700). Von hier aus wären aber retrograde Wahrscheinlichkeitsaussagen möglich, die vermutlich nicht sehr von plausiblen Annahmen aus einer an historische Verhältnisse angepassten heutigen Alltagserfahrung abweichen würden. Eine Ergänzungsmöglichkeit bieten die Hausbücher der Nürnberger Zwölfbrüderstiftungen (https://hausbuecher. nuernberg.de/), die zeitlich vor Ramazzini datieren.

Es liegt in der Natur der Sache, dass an den Überresten der Bestatteten die Mehrzahl aller zu Lebzeiten oder peri- wie postmortal erlittenen Weichgewebs-Verletzungen nicht erfasst werden können. Die übergroße Mehrzahl absichtsvoll gegen die körperliche Unversehrtheit gerichteter Gewalteinwirkungen hat umfängliche Weichgewebsverletzungen zur Folge, zu Lebzeiten mit Blutverlusten. Die Befundung einer Verletzung durch kriegerische Handlung, einer erlittenen Leibesstrafe oder eines multiplen Frakturgeschehens am Skelett wird nur zu selten in den Ablauf übersetzt, der zu seiner Entstehung führte. Meist verschweigt der Gutachter die Schmerzen, die teilweise tagelangen Qualen, die Ängste und das Elend der Betroffenen (Groebner 2003a, b). Gelegentlich veröffentlichen Bearbeiter derartige Kasuistiken in professioneller empathiebefreiter Begeisterung. Es ist dann die andere, die gegenaufklärerische Seite eines besonderen, teilweise bizarren Interesses an einer Richtstäten- und Schlachtfeldarchäologie.

Bestattungskomplexe, die Überfälle und Ermordungen ganzer Siedlungsbevölkerungen belegen, finden sich von der Steinzeit bis in die Gegenwart. Unter ihnen ist der Fundkomplex Talheim (Wahl und Strien 2007) nicht nur wegen seines Alters, sondern auch wegen seiner musealen Inszenierung bemerkenswert. Um 5100 BCE ereignete sich beim heutigen Talheim, Kr Heilbronn, ein Massenmord, bei dem vier Familien mit insgesamt 16 Kindern und Jugendlichen und 18 Erwachsenen erschlagen und in einer Grube versenkt wurden, ein Gewaltexzess, belegt durch ein Massengrab mit 34 Menschen zwischen 2 und 60 Jahren. Die Verletzungsmuster erlauben forensische Aussagen über Werkzeuge, Gewalteinwirkung und Tatablauf. Die museale Inszenierung als Ausstellung und der Katalog [„Der Kriminalfall aus der Jungsteinzeit verspricht Spannung" (S. 4) – nicht etwa Entsetzen] werfen die ethische Frage auf, ob man sich vorstellen könnte, einen Massenmord der Gegenwart, etwa den im Pariser Bataclan 2015, in gleicher Weise museal aufzubereiten?

Hierzu bildet die Arbeit von Christine Cooper (2011) über die Opfer der Schlacht von Dornach (1499) einen Gegenentwurf. Sie macht deutlich, dass die Opfer zum Teil tagelang verletzt auf dem Schlachtfeld lagen und anschließend von hinten „abgekeult" (sic!) wurden, entweder, weil sie den Gegnern zuzuordnen waren oder ihre Verletzungsprognosen infaust. Die Arbeit gibt zudem einen hervorragenden Überblick über die bis zu diesem Zeitpunkt bearbeiteten Opfer anderer Schlachten. In verdienstvoller Weise hat Heidi Peter-Röcher (2007) eine Zusammenfassung von Mustern interpersoneller Gewalthandlungen an fast 27.000 Skelettresten vom Neolithikum bis in die Neuzeit vorgenommen. Dabei konnte sie belegen, dass es in Europa Zeiten relativer Gewaltfreiheit und solche erhöhten Gewalteinsatzes gab. Bemerkenswert ist der geringe absolute Anteil an Verletzten, gleichermaßen vom Neolithikum bis in die Neuzeit. Er bewegt sich etwa zwischen einem und drei Prozent bezogen auf alle Individuen bzw. zwischen einem und immerhin nahezu sieben Prozent bezogen auf Männer.

Gewaltanwendung als Beruf trifft auf Söldner zu, deren Tote mit der Schlachtfeldarchäologie erfasst werden. Aber beispielsweise auch auf den Berufsstand der römischen Gladiatoren, die eigene Friedhöfe unterhielten, etwa im türkischen Ephesos.

Viel zu zahlreich sind in der Geschichte die Toten, die absichtlich durch Dritte Hand sterben, sei es durch kriegerische Handlung, durch ein Verbrechen oder Akte der Bestrafung. Ihre Überreste wurden ggfls. mit Ehren bestattet (z. B. Koselleck 1997) oder auf dem Schlachtfeld oder der Richtstätte belassen. Gesellschaften haben sich Regelwerke gegeben, um diese Ereignisse angemessen kollektiv zu verarbeiten.

Schlachtfeldarchaeologie und Richtstättenarchäologie zielen zu einem substantiellen Teil auf die anthropologische Befundung von Schlachtenopfern und Hingerichteten. Massengräber im Umfeld historischer/prähistorischer Schlachtfelder sind häufig. Wobei zu unterscheiden ist zwischen solchen Massengräbern, in denen die an den seinerzeit häufigen Krankheiten und Seuchen Verstorbenen eines Kriegslagers beigesetzt wurden (Zinsser 1949; den Rückzug der napoleonischen Armee aus Rußland begleitende Massengräber), und jenen, die wirkliche Opfer der Kriegshandlungen aufnahmen. Die Opfer kriegerischer Handlungen wurden auch auf dezentralen – heimatnahen? – Friedhöfen beigesetzt (z. B. Hawkes 1989, S 123 ff.).

Über Folterungen als kollaterale Greuel, etwa aus dem Deißigjährigen Krieg, berichtet in eindringlich ergreifender Weise der Augenzeuge Philip Vincent (1638). Seine Bilder nehmen Francisco de Goyas *Desastres de la guerra* vorweg. Sie sind hinsichtlich ihrer Folgen nicht von den Torturen der damaligen juristisch angeordneten Folter zur Geständnisgewinnung bzw. den Leibesstrafen durch einen Schergen oder Scharfrichter (Schattenhofer 1984) zu unterscheiden. Eine bis auf den heutigen Tag praktizierte Tortur ist das Ausschlagen der Frontzähne, am Schädel an den Abbrüchen der Zähne in Höhe des Alveolarsaums sicher erkennbar. Immer werden es die Umstände der Bestattung sein müssen, die Hinweise auf eine einschlägige Entstehung der Verletzungen geben. Ob der durch Absägen amputierte Fuß aus der Kloake des Scharfrichterhauses in Lübeck auf eine Leibesstrafe oder eine kurative Maßnahme nach Fußverletzung mit abgequetschten Zehengliedern zurückging (Herrmann 1984), bleibt ungeklärt. Über Skelettteile in Kloaken wie auch ganzen Skeletten wurde mehrfach berichtet, einige tragen sichtbare Verletzungsmarken (Herrmann 1986). Nicht in jedem Fall muss es sich um Skelettteile mit Weichgewebebedeckung gehandelt haben. Sicher gilt dies aber für die Überreste der nahezu 100 Neugeborenen, die nach und nach als offenbar unwillkommene Kinder getötet und in einer spätrömischen-frühbyzantinischen Kloake in Ashkelon (Israel) gefunden wurden (Smith und Kahila 1992). Überreste von 14 erschlagenen Menschen und diversen Tieren fanden sich beispielsweise auch in zwei römischen Frischwasserbrunnen in Regensburg, die dadurch jahrelang unbenutzbar wurden.

Für bei Richtstätten aufgefundene menschliche Überreste kann die Gewaltanwendung mit Todesfolge grundsätzlich vorausgesetzt werden (Auler 2008 mit weiterführenden Beiträgen). Die Tötungsmittel können mit dem Tatvorwurf wechseln, wobei unsicher bleibt, ob das Tötungsmittel jeweils spezifische Spuren an den Überresten hinterläßt. Die Hingerichteten bzw. das, was von ihnen nach Torturen und Witterungsexposition übrig blieb, wurde zumeist im unmittelbaren Umfeld des Richtplatzes als herabsetzende Bestattung verscharrt (z. B. Arnold 1991; Übersicht bei Genesis 2013, 2018). Selten ist es möglich, wie im Fall der frühneuzeitlichen Richtstätte Allensbach (BW), einige der verscharrten Delinquenten zu identifizieren. Wenig ist bekannt über den Verbleib des Leichenbrandes aus Hexenverbrennungen. Ob sie auf der Richtstätte blieben, „zerstreut" oder in ein Fließgewässer geschüttet wurden, verschweigen die Quellen zumeist oder machen topische Angaben, sie konzentrieren sich auf die Vorgeschichte und den Prozeß (z. B. Robisheaux 2009 über einen Hexenprozeß von 1672).

Werden menschliche Überreste mit Verstümmelungen gefunden, ist die Ursache des Verlustes etwa eines Armes oder Beines grundsätzlich unklar. Selbst eine beigefügte Prothese verhilft zu keiner weiteren Aufklärung (Beispiele in Keil 1980; Baumgartner 1982; Koenig 1982). Infrage kommen allgemeine Lebensgefahren, Arbeitsunfälle, krankheitsbedingter Verlust, Leibesstrafen (u. a. Schäfer 2002). Gelegentlich wird über abgetrennte Körperteile berichtet, die ohne anatomischen Bezug im Grab deponiert wurden. Warum solche Amputate ins Grab gelegt werden bzw. dort verbleiben, läßt sich unterschiedlich begründen. Im Falle des abgesetzten Unterarms des Herzogs Christian von Braunschweig Wolfenbüttel (1599–1626), dem der Unterarm nach einer Kriegsverletzung 1622 amputiert wurde, und der das Amputat im Stile eines anatomischen Präparates aufbereiten ließ, scheint die Ursache erkennbar. Das Präparat wurde dem Toten als ihm zugehörig in den Sarg gelegt (Herrmann 2004). Die Furcht vor dem Zerfall (fear of

decay) war angesichts verstümmelnder Krankheiten und möglicher anderen körperlichen Versehrungen mittelalterlich allgegenwärtig, ebenso die Hoffnung auf
„körperliche Wiederherstellung im Himmel" (Bynum 1995). Hierfür schien es
günstig, fehlende Körperteile nach Möglichkeit im Grabe mit sich zu führen.
Giftbeibringung als Todesursache gehört in den Grenzbereich eines Todes aus
gewaltsamer Ursache. Über sie zu spekulieren lohnte nur bei Vorliegen historischer Hinweise, wobei die Zeit zwischen Beibringung und Verstoffwechselung der
Gifte in der Regel nur bei chronischer Unterdosierung nicht gegen eine Nachweis-
möglichkeit am archäologischen Weichgewebe oder am Skelettelement spricht.
Außerdem fehlen allgemein entsprechende Nachweisroutinen bei Vorliegen langer Liegezeiten. Das Problemfeld zeigt sich beispielhaft für Herzog Heinrich
den Stolzen († 20.Oktober 1139), dem Schwiegersohn Kaiser Lothar III, dessen
plötzlicher Tod, dem politische Auseinandersetzungen vorausgingen, Anlass zu
Spekulationen über eine Vergiftung gab (Lewin 1920, S. 218). Bei Öffnung des
Sarkophags 1978 wurde im Darmbereich ein Klumpen von 26 Schlehensteinen
gefunden. Sie könnten Hinweis auf (Selbst)Medikation bei akuten Problemen im
Verdauungstrakt sein, die auf eine Vergiftung zurück zu führen sein könnte (Hellwig und Hellwig 2012). Möglicherweise verursachte die Schlehensteine einen
tödlichen Darmverschluss. Die Quellenlage lässt keine Entscheidung zu.

Über Anzeichen oder Belege von Anthropophagie wird gestritten. Jonathan
Swifts Satire von 1729 *A modest proposal* verliert unter evolutionsbiologischen
Vorzeichen den Charakter eines schwarzen Humors. Es ist belegt, dass Extrem-
situationen Menschen zu kannibalistischen Handlungen bewegen können. Das
soziobiologische Lehrbuchbeispiel ist die Donner Party (1846) in Kalifornien.

Prähistorisch werden aufgeschlagene Langknochen, wie vom Neandertaler in
Krapina, der Gewinnung von Knochenmark als Nahrungsergänzung zugerechnet.
Unklar ist auch, ob Kannibalismus in Notsituationen zur Tötung der zu Verzeh-
renden führte oder das Fleisch von Leichen gegessen wurde. Jedenfalls wurden
anthropophage Riten mit Kinderopfern zur Stärkung der Vegetationsfruchtbarkeit
und magischen Beeinflussung von Trockenheit in Verbindung gebracht (Hoffmann
1971). In welche erkenntnistheoretischen Untiefen man sich bei der Auswertung
prähistorischer Quellen und unter der Herbeiziehung von Hilfsargumenten aus
der Ethnologie verlieren kann, hat Heidi Peter-Röcher (1994; 1998) mit ihren
vorbildhaften Darstellungen gezeigt. Pierre Bonnassie (1989) hat dagegen reale
Belege für das mittelalterliche Westeuropa gesammelt, Philip Vincent beschreibt
den Verzehr kleiner Kinder im Dreißigjährigen Krieg. Menschliche Skelettüber-
reste, die Kannibalismus sicher belegen sollen, kennt man m. W. nur aus dem
Paläolithikum und dem präkolumbischen nordamerikanischen Südwesten (z. B.
White 1992). Hier wurden menschliche Kochen in derselben Weise wie diejenigen

Abb. 6.2 Schädel mit Ausschußöffnung. 18. Jh. Erster Suizidant bei Doppelsuizid. Archäologischer Zufallsfund bei Ausschachtarbeiten (Spatenmarke links unterhalb der Sut.coron.). Berstungsriss im rechten Scheitelbein durch Einschuss (aufgesetzter Nackenschuss). Klassische Ausschußöffnung. – Aufgefunden wurde eine Doppelbestattung in einander zugewandter Umarmungssituation. Das zweite Individuum verstarb durch Schuss in die rechte Schläfe (Bleischrot im Schädelinnenraum). Die Bestattung der beiden Suizidanten erfolgte außerhalb der Stadt (Einbeck, NS) an einer Wegegabelung. (Foto: Verf.)

größerer Säugetiere zur Gewinnung des Knochenmarks gespalten. Ob es sich hier um rituellen Kannibalismus oder integrierte Sitten zur Überwindung periodischer Nahrungsengpässe handelt, ist offen. Archäologische *settings*, die Kannibalismus belegen könnten, sind offenbar nicht bekannt (Abb. 6.2).

Die Erkenntnisgewinnung in einer thanatologischen Erwägung bzw. Begutachtung bedient sich selbstverständlich der logischen Schließweisen von Deduktion und Induktion. Sicherlich spielt dabei auch und besonders die abduktive Methode [Abduktion (Charles Pierce, 1839–1914)] eine gewichtige Rolle, mit deren Hilfe für einen unerwarteten Befund oder eine unerwartete Situation eine erklärende Hypothese resp. Regel gebildet wird. Die Abduktion bildet aus dem erklärungsbedürftigen Faktum eine Hypothese, die mithilfe von Hintergrundwissen auf eine potenzielle Erklärung schließt. Trifft das Hintergrundwissen zu (ist es wahr), dann erklärt das Hintergrundwissen das Faktum (Schurz 2014, S. 397 l). Es überrascht nicht, dass die Abduktion von einem der Begründer der modernen Semiotik „entdeckt" wurde. Grundsätzlich ist die Abduktion lediglich ein induktionsnahes Verfahren, das im Wesentlichen einem Verfahren der freien Analogiebildung entspricht. Die Deutung oder Interpretation von Anzeichen und Zeichen ist heuristisch auf Analogiebildungen angewiesen, aus denen dann über logische Ausschlussverfahren die Hypothesenbildung erfolgt. Es ist offensichtlich, dass thanatologische Aussagen sich nicht im Bereich von Gesetzmäßigkeiten bewegen können. Sie bilden im günstigsten Falle Hochwahrscheinlichkeitsaussagen nach dem Muster „normischer Gesetze" (i. S. von Gerhard Schurz; z. B. als: „normalerweise liegt in einem Grab ein Skelett bzw. ein Überrest eines

---

Elektronisches Zusatzmaterial Die elektronische Version dieses Kapitels enthält Zusatzmaterial, das berechtigten Benutzern zur Verfügung steht. https://doi.org/10.1007/978-3-658-32783-5_7

Die Originalversion dieses Kapitels wurde revidiert. Ein Erratum ist verfügbar unter https://doi.org/10.1007/978-3-658-32783-5_8

© Der/die Autor(en), exklusiv lizenziert durch Springer Fachmedien Wiesbaden GmbH, ein Teil von Springer Nature 2021, Korrigierte Veröffentlichung 2021
B. Herrmann, *Thanatologie*, essentials, https://doi.org/10.1007/978-3-658-32783-5_7

Leichnams"). Entsprechend ist das Ziel einer thanatologischen Befunderhebung immer der Einzelfall. Etwaige Metaanalysen der erhobenen Daten erfolgen durch deren Verknüpfung in anderen Erkenntnisfeldern, beispielsweise als demographische Schlussfolgerungen, als allgemeine Angaben zur Sepulkralkultur, oder der Archäologie einer Epoche.

Die Bemühung von „Zufall" als Ursache eines Befundes führt zu erkenntnistheoretisch anspruchsvoller Beurteilung. Nicolai Hartmann hat die zunächst widersprüchlich erscheinende These vertreten, dass auch der Zufall den Naturgesetzen unterliege (Hartmann 1980, S. 399–400). Ein Verständnis des Widerspruches erschließt sich dann, wenn bedacht wird, dass von einem Zufallsereignis aus *retrospektiv* kausale Erklärungen gefunden werden. Archäologische Befunde beruhen immer auf Fakten früherer Ereignisse. Können sie (noch) nicht nach naturwissenschaftlichen Kausalitätsregeln erklärt werden, muss einstweilen in Bereichen des Unwissens Zuflucht gesucht werden. Nicolai Hartmann (1912 und später) verwendete dafür den passenden Ausdruck *Gesetz spezifischer Komplizierung,* womit ausgedrückt wird, das zum Zeitpunkt der Beurteilung des Sachverhalts dessen komplexes Ursachengefüge unbekannt ist.

Ein Gründervater der modernen Wissenschaft, Francis Bacon (1561–1626), mahnte zur Skepsis gegenüber dem oft autonom agierendem Verstand, der Vorurteile bestätige, statt die Sachen selbst zu erkennen. Deshalb käme es darauf an, das Subjektive aus der Wissenschaft fernzuhalten (*de nobis ipsis silemus* – von uns selbst schweigen wir). Dem schloss sich Immanuel Kant uneingeschränkt an, indem er die entsprechende Sentenz aus der Vorrede zu Bacons *Instauratio magna* als Motto seiner *Kritik der reinen Vernunft* voranstellte. Bacon zählte zudem jene hauptsächlichen Vorurteile (sogen. Idolen) auf, mit denen sich jede wissensproduzierende Bemühung bis auf den heutigen Tag auseinanderzusetzen hat:

1. Vorurteile, die in der menschlichen Natur selbst gründen, etwa in der begrenzten sinnlichen Wahrnehmung;
2. Vorurteile durch Erziehung, durch Stimmungsschwankungen und mangelndes Wissen;
3. Vorurteile durch Selbstdarstellung, durch Kommunikationsprobleme und semantische Schwierigkeiten;
4. Vorurteile durch etablierte Lehrmeinungen und durch Schulenbildungen (Bacon, Novum Organum, Lib.I, Aphorismus 39).

Man kann fast den Eindruck gewinnen, als habe Bacon bei der Liste seiner Vorurteile an zahleiche spätere Arbeiten anthropologisch-archäologischer Fundbewertungen gedacht. Thanatologische Bewertungen scheinen besonders anfällig für Überbewertungen von Sachverhalten und spekulationsanfälligen Dehnungen der Faktenlagen. Gutachten über die Überreste historischer Persönlichkeiten scheinen davon besonders betroffen zu sein und den veröffentlichten Widerspruch geradezu herauszufordern. Insonderheit verleiten offenbar Selbstüberschätzungen und Eitelkeiten von Gutachtern bei unklarer oder komplexer Faktenlage dazu, Abläufe und Szenarien in erstaunliche und verblüffende Rekonstruktionen zu überführen und unbeweisbare Spekulationen apodiktisch als plausible Erklärungen auszugeben. Über die Grenzen der Interpretation im archäologischen Kontext wird seit langem diskutiert (z. B. Meyer-Orlac 1982).

Als Lehrbeispiel auch für archäologische Befundungen sei das 1955 erstattete rechtsmedizinische Gutachten von Albert Ponsold (Münster) im Fall Hans Hetzel genannt, in dem der Gutachter u. a. Befunde autoritativ deutete und vielfältig gegen das Parsimonitätsprinzip verstieß (https://de.wikipedia.org/wiki/Hans_Hetzel; zul. bes. Oktober 2020). Als ein im thanatologischen Sinn überinterpretierter Befund ist das anthropologisch-rechtsmedizinische Gutachten über die Mehrfachbestattung von Stillfried (Österreich) zu nennen (Felgenhauer et al. 1988), deren Fundumstände in einer urnenfelderzeitlichen Speichergrube eine Leichenbeseitigung nahelegen (Abb. 7.1). Das Gutachten spekuliert nicht nur über Verwandtschaftsverhältnisse der Bestatteten, sondern auch über deren vermutete Tötung mittels Pilzgiften. Hintergrund wäre ein von den Autoren kompliziert konstruierter dynastischer Erbfolgestreit. Als an ein weiteres zur Zurückhaltung mahnendes archäologisches Beispiel sei an die bekannte Diskussion um die Moorleiche „Mädchen von Windeby" (Windeby I) erinnert, um die sich zahlreiche Ungereimtheiten ranken und die sich statt einer zum Tode verurteilten Ehebrecherin schließlich als Überrest eines jugendlichen Mannes entpuppte (Übersicht unter https://de.wikipedia.org/wiki/Moorleiche_von_Windeby_I; zul. bes. Oktober 2020). Eine gute Kenntnis dieser drei Beispiele empfiehlt sich für jeden thanatologisch Tätigen, um ihn vor steilen Thesen und vorschnellen Schlussfolgerungen bzw. Interpretationen zu bewahren.

Eine letzte Warnung gilt jener vor den *terribles simplificateurs* (sensu Jacob Burkhardt), den Vereinfachern der Methoden wie der Befunde (Abb. 7.2). Um es einfach zu machen, sind sie extrem ungenau. Und verlassen damit das Gebot wissenschaftlicher Sorgfalt und des seriösen Erkenntnisgewinns. Etwa, wenn ein Fund halbwegs zeitlich und örtlich die *notwendigen Bedingungen* des Überrestes eines Hingerichteten erfüllt, dessen Kopf durch Nagelung auf einem mittelalterlichen Richtplatz ausgestellt wurde. Die Begutachtung suggeriert überraschend die

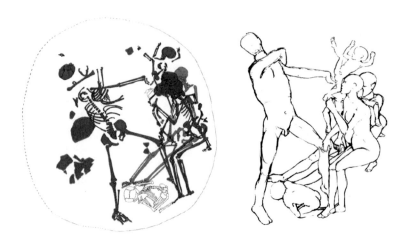

Abb. 7.1 Stillfried: Li: Schematische Darstellung der sieben Skelette in der Speichergrube. Re: Rekonstruktion der Lage der sieben Personen in der Speichergrube. (Aus: Felgenhauer et al. 1988, Tafeln 15, 17)

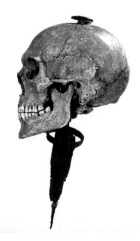

Abb. 7.2 1822 wurde in Sønderøkse bei Brovst, DK, der Mörder Thomas Thomasen hingerichtet, sein Kopf vom Rumpf abgetrennt und als Zeugnis für die Sühne seiner Tat auf einen Pfahl genagelt, sichtbar für die Welt. (Mit freundlicher Genehmigung von Pia Bennike, Kopenhagen). Kopfnagelungen bzw. Kopfaufspießungen sind eine bis ins Altertum zurückreichende besondere Demütigung des Opfers und ein Mittel der erhofften Abschreckung

erfüllten *hinreichenden Bedingungen,* dass es sich um Klaus Störtebekers Schädel handeln müsse (Wiechmann et al. 2003), obwohl ein Identitätsbeweis gar nicht geführt werden kann. Mit Sebastian Brather (2007) wird man beispielsweise auch skeptisch auf die allenthalben als Zeugnisse des Wiedergängertums oder Vampirismus ausgemachten Bestattungen blicken. Brather fordert die eigentlich selbstverständliche „Eindeutigkeit" und „Belastbarkeit" der Bewertung für den Einzelfall und eine differenziertere Ursachenforschung angesichts der Tatsache, dass es vielfältige Gründe für „abweichende" Bestattungspraktiken gibt.

Die wissensproduzierende Erzählung, die als Ergebnis jeder Befundung resultiert, birgt also in besonderer Weise das Risiko fehleinschätzender Darstellungen. Die „Objektivität" wissenschaftlicher Darstellungen, wie sie seit Bacon als Ideal der Wissenschaften – und besonders der Naturwissenschaften – behauptet wird, lässt sich für quantifizierbare Sachverhalte gut belegen. Kontingente Sachverhalte, wie in der Thanatologie, werden dagegen über Narrative beschrieben. Sie sind Konstruktionen (im Sinne von Berger und Luckmann 1992) und sind unter entsprechendem Vorbehalt zu bewerten. Dass es in einer wissensproduzierenden Erzählung auf eine sorgfältige Wortwahl ankommt, ist selbstverständlich (siehe oben unter 2). Wenn aber eine Diagnose nach dem methodischen Vorbild medizinischer Diagnostik als „evidenzbasiert" gestellt wird, dann bekommt die sprachliche Präzision eine herausgehobene Bedeutung. Die deutsche Bezeichnung „evidenzbasiert" beruht auf einer inkorrekten Übersetzung des englischen Wortes „evidence", das einen *available body of facts or information indicating whether a belief or proposition is true or valid"* bezeichnet, während das deutsche Wort „Evidenz" gerade das ohne Beweise Offensichtliche, die *„self-evidence",* bezeichnet (so Fangerau und Martin 2015, S. 38–39).

So sehr man sich in erkenntnistheoretischer Hinsicht auch um eine objektive Befunderhebung im archäologischen Umfeld bemühen mag, lässt sich nicht übersehen, dass Gräber, allgemeiner Bestattungen aller Art, Leichenablagen bzw. Leichenbeseitigungen, einen völlig subjektiven Ausschnitt aus dem Typenvorrat der jeweilig lebenden Kultur darstellen, von früheren Menschen bewusst ausgewählt. Das gilt sowohl für die Beigaben als auch alle anderen Aspekte des Grabrituals (Härke 1993 unter Rückgriff auf einen älteren Gedanken von HJ Eggers).

Schließlich ist noch daran zu erinnern, dass thanatologische Arbeiten, unabhängig von der geographischen, kulturellen und spirituellen Einbindung des Fundes und Befundes, sogenannte „letzte Dinge" (christlich: Eschatologie) berühren. Diese Tatsache wird selbst ein areligiöser, der aufgeklärten materialistischen Wissenschaftspraxis verpflichteter Bearbeiter nicht abstreiten wollen. Daher sollten bei der Beurteilung eines menschlichen Überrestes in einem Grab, einer

Abb. 7.3 Pieter Bruegel der Ältere (1562–63) Der Triumph des Todes. Museo del Prado, Madrid. Das Werk symbolisiert den Triumph des Todes über die weltlichen Dinge. Im Mittelgrund führt der Tod seine Armeen von seinem rötlichen Pferd aus und zerstört die Welt der Lebenden. Sie hat keine Hoffnung auf Erlösung. Alle sozialen Institutionen sind betroffen, und weder Macht noch Hingabe können sie retten. Die Szene ist von der mittelalterlichen Tradition des Totentanzes beeinflusst, und steht mit der Fülle der Szenen und dem moralisierende Anspruch unter dem Einfluss von Hieronymus Bosch

Grablege oder in einem Bestattungskontext, spirituelle oder religiöse Aspekte bzw. Einbindungen in Überzeugungssysteme mit berücksichtigt werden. Das gilt auch für jene menschliche Sachüberreste, denen unabsichtlich oder absichtsvoll eine geordnete Beisetzung versagt wurde, denen aber nicht unterstellt werden kann, dass sie als lebendes Individuum ohne transzendente bzw. spirituelle Vorstellungen gelebt hätten. Entsprechend sollte sich ein Bearbeiter oder Gutachter dem Gegenstand gegenüber und in seinen Äußerungen über diesen in einer respektvollen und die Würde des Gegenstandes bewahrenden Weise verhalten und sein Vorgehen darauf abstellen, insonderheit bei der Anwendung invasiver Methoden (Abb. 7.3).

Erratum zu: Thanatologie

Erratum zu: B. Herrmann, *Thanatologie,* https://doi.org/10. 1007/978-3-658-32783-5

Dieses Buch wurde versehentlich veröffentlicht ohne die folgenden Korrekturen zu aktualisieren.

Seite 50: Statt „verursachte die Schlehensteine" lautet es „verursachten ..." und statt „menschliche Kochen" lautet es „menschliche Knochen".

Seite 57: Eine Unterstreichung wurde nun gelöscht.

Abbildungslegende zu Abb. 3.5: Statt 1717 heißt es richtig: 1727

Abb. 7.1 und Abb. 7.2: Die zugehörigen Legenden waren vertauscht.

Die aktualisierte Version dieser Kapitel finden Sie unter
https://doi.org/10.1007/978-3-658-32783-5_3
https://doi.org/10.1007/978-3-658-32783-5_6
https://doi.org/10.1007/978-3-658-32783-5_7

© Der/die Autor(en), exklusiv lizenziert durch Springer Fachmedien Wiesbaden GmbH, ein Teil von Springer Nature 2021
B. Herrmann, *Thanatologie,* essentials,
https://doi.org/10.1007/978-3-658-32783-5_8

Was Sie aus diesem *essential* mitnehmen können

- Strukturen der Thanatologie orientieren sich an den drei grundsätzlichen Todesursachen: Alter, Krankheit und Gewalt sowie an den drei grundsätzlichen Überlieferungsformen menschlicher Überreste: Skelette, Mumien und Leichenbrände.
- Die angemessene Begutachtung und Bewertung historischer bzw. prähistorischer menschlicher Überreste ist nur in translationaler Leistung von naturwissenschaftlich-rechtsmedizinischer Expertise in Verbindung mit geisteswissenschaftlichen Anthropologien möglich.
- Methodisch beruht sie auf ethnomethodologische Vorgehensweisen und bezieht sich für ihre Begutachtung auf materielle Zeichen, die mit naturwissenschaftlichen, forensischen und sozialwissenschaftlichen Mitteln dekodiert werden.
- Beispiele für Fehlbewertungen und Überforderungen des Fundgutes betonen die Bedeutung sicher beherrschter Erkenntnistheorie.

© Der/die Herausgeber bzw. der/die Autor(en), exklusiv lizenziert durch Springer Fachmedien Wiesbaden GmbH, ein Teil von Springer Nature 2021
B. Herrmann, *Thanatologie*, essentials,
https://doi.org/10.1007/978-3-658-32783-5

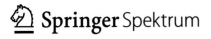
Springer Spektrum

springer-spektrum.de

}essentials{

Bernd Herrmann

Prähistorische Anthropologie

Eine Standortbestimmung

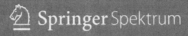
Springer Spektrum

Jetzt im Springer-Shop bestellen:
springer.com/978-3-658-09865-0

Printed in the United States
by Baker & Taylor Publisher Services